T0107930

QU'EST-CE QU'UNE PHOTOGRAPHIE ?

COMITÉ ÉDITORIAL

*La liste des ouvrages publiés dans la même collection
se trouve en fin de volume*

CHEMINS PHILOSOPHIQUES

Collection dirigée par Roger POUIVET

Jiri BENOVSKY

QU'EST-CE QU'UNE PHOTOGRAPHIE ?

Paris
LIBRAIRIE PHILOSOPHIQUE J. VRIN
6, place de la Sorbonne, V^e
2010

N. CARROLL, *The Philosophy of Motion Pictures*, chap. 5, p. 117-122
© Malden, Blackwell Publishing Limited, 2008

R. LE POIDEVIN, « Time and the Static Image », *Philosophy*, vol. 72,
n° 280, p. 185-188, 2009
© Cambridge Journals, reproduced with permission

© *Librairie Philosophique J. VRIN,* 2010
Imprimé en France
ISSN 1762-7184
ISBN 978-2-7116-2322-8

www.vrin.fr

QU'EST-CE QU'UNE PHOTOGRAPHIE ?

Un client est un jour venu chez moi, souhaitant acheter une de mes photographies de la Vallée Blanche au-dessus de Chamonix, l'Aiguille du Midi y est baignée des premières lumières de l'aube.

— « Combien coûte cette belle photo ? » me demande-t-il.

— « Cela dépend de ce que vous entendez en disant que vous aimeriez acheter cette photographie. »

— « Eh bien, je voudrais acheter la photo, tout simplement, pour l'accrocher dans le salon » répond-t-il un peu irrité.

— « Voudriez-vous donc acheter un tirage ? » dis-je en sortant de mon dossier trois tirages de cette photographie de la Vallée Blanche. « Choisissez donc celui qui vous plaît le plus ! » En effet, j'ai fait trois tirages un peu différents : l'un en noir et blanc, l'autre en couleurs plutôt chaudes où les rouges et oranges de la lumière du matin ressortent particulièrement bien, et un autre où j'ai plutôt accentué les couleurs froides afin que les bleus du glacier soient bien mis en évidence.

— « Est-ce que c'est la même photo ? » demande alors le client.

— « Là, c'est une bonne question. » Je réponds de manière un peu évasive. « Mais puisque vous souhaitiez acheter non pas la photographie mais un tirage, on peut, je crois, dire qu'il s'agit là de trois tirages différents. Laissons de côté la question de savoir s'il s'agit de tirages de la même photographie ou de trois photographies différentes, car ce n'est pas ce qui compte pour vous n'est-ce pas ? »

— « D'accord, je prends celui-ci » dit-il en pointant un tirage du doigt. « Mais je voudrais aussi l'afficher sur l'économiseur d'écran de mon ordinateur, pouvez-vous donc aussi me donner la photo au format informatique ? »

— « Vous voudriez donc acheter un tirage, et un fichier ? » je précise. « Cela se peut, mais puisque vous achetez deux choses et non pas une, cela vous coûtera deux fois le prix. »

Le client perd un peu patience :

— « Je voulais seulement acheter *une photo*, mais vous me parlez de tirages, de fichiers, et maintenant sous prétexte qu'un tirage n'est pas la même chose qu'un fichier vous voulez me faire payer le double ! Oui, un tirage n'est pas un fichier, mais *c'est la même photo* tout de même ! Je vous achète une seule photo, donc je ne vois pas pourquoi je devrais payer deux fois ! »

Pour ne pas me fâcher avec mon client, j'explique vite :

— « Pardon de ne pas avoir été suffisamment clair. Prenez l'exemple d'un magazine qui, la semaine dernière, m'a acheté la même photo pour la publier dans un article sur l'Aiguille du Midi. Devrais-je vous dire : "Cher Monsieur, je suis désolé mais je ne peux plus vous vendre cette photographie, car *je ne l'ai plus*, elle a été achetée par un magazine." Bien sûr que non. Comme vous pouvez le voir, j'ai toujours la photographie, même si je l'ai déjà vendue. Car il est en fait incorrect de dire que j'ai vendu *la photographie* : il est en effet impossible de faire une telle chose "toute simple" ! J'ai vendu au magazine un droit – celui d'imprimer 20.000 fois (c'est leur tirage) un fichier informatique que je leur ai fourni et de commercialiser ces impressions. Vous voyez, le magazine a acheté non pas une photographie, mais "un droit".

Vous, vous souhaitiez acheter un tirage, c'est une chose. Un tirage est un morceau de papier avec de l'encre imprimée dessus, un objet un peu comme une peinture. Mais ce n'est pas la photographie : en vous vendant ce tirage je n'ai pas vendu la photographie, je l'ai toujours ! Vous souhaitez également acheter un fichier informatique (le même (sic!) que celui que j'ai déjà une fois vendu à quelqu'un d'autre – le magazine) et un droit : le droit de l'afficher sur votre écran d'ordinateur, mais pas, par exemple, le droit de l'afficher sur un site Internet, ni le droit de produire d'autres tirages à partir de ce fichier.

Voyez-vous, quoi que vous achetiez, en aucun cas vous ne pouvez acheter *la photographie*, non pas parce que je ne veux pas vous la vendre, mais parce qu'une telle chose est impossible. »

Laissons à présent la conversation où elle est (le client est finalement reparti seulement avec un tirage). Ce n'est pas seulement pour le client ou le photographe, mais aussi pour le philosophe que la nature des photographies est assez évasive. Quel type d'entités sont-elles ? Des objets matériels concrets comme des tirages papier ? Des « types » abstraits qui peuvent être instanciés dans de nombreuses formes très diverses (tirages, fichiers, images à l'écran…) ? La question posée est ici celle de savoir à quelle *catégorie métaphysique* les photographies appartiennent.

Dans ce livre, j'examinerai en détail deux problèmes apparents dans la conversation avec mon client. En ce qui concerne la question métaphysique évoquée à l'instant, je

défendrai la thèse selon laquelle aucune catégorie métaphysique que nous connaissons ne parvient à rendre compte de
la nature des photographies, et je soutiendrai la thèse supplémentaire que les photographies n'existent pas. Celle-ci peut
paraître surprenante (en particulier lorsqu'elle vient de la part
d'un photographe !) et très contre-intuitive, mais je montrerai
qu'un nihilisme à propos des photographies n'est en réalité pas
une thèse très forte et ne va pas à l'encontre du sens commun,
contrairement aux apparences.

Le second problème qui a intuitivement surgi pour mon
client dès le début de la conversation est celui de la *représentation photographique*. « Est-ce que c'est la même photo ? »
a-t-il demandé en voyant différentes « versions » de la photographie qu'il souhaitait acheter. Un tirage est en noir et blanc,
un autre plus bleu, un autre accentuant plus les couleurs
chaudes, mais toutes ces images représentent la même réalité
– la même montagne, le même lever du soleil, etc. En généra-
lisant, et étant donné qu'une photographie n'est pas identique
au monde qu'elle dépeint, on peut alors se demander de quelle
manière elle le représente et en quoi la représentation consiste.
Nous verrons également ce questionnement jouer un rôle
central dans les commentaires, ci-dessous, du texte de Noël
Carroll et du texte de Robin Le Poidevin.

Pour commencer à traiter cette question, et avant d'en
venir au premier problème (métaphysique), considérons ce
qu'on peut appeler le « langage des photographies ». Il y a un
sens dans lequel toute œuvre d'art peut être narrative, et les
photographies ne font pas exception, tout en ayant un statut un
peu particulier. Considérons les deux photographies suivantes.

Photographie 1
http://www.benovsky.com

Photographie 2
http://www.benovsky.com

Dans un sens, ces deux images de jeunes mariés dépeignent presque «la même réalité» – prises à quelques secondes d'intervalle, le sujet varie à peine : le monde n'a pas beaucoup changé entre les deux prises de vue. Pourtant, chacune de ces photographies nous raconte une histoire bien différente : la première nous parle de l'amour et de la complicité entre deux personnes en laissant montrer qu'il s'agit d'une scène de mariage mais sans en faire le point central, contrairement à la seconde qui met l'idée du mariage au premier plan, et repousse les deux personnes au second rôle. En effet, l'utilisation d'une courte profondeur de champs, associée à une mise au point précise faite sur un endroit (les visages) plutôt qu'un autre (les bagues), permet au photographe d'indiquer au spectateur de l'image ce qu'il souhaite lui communiquer aussi clairement que s'il le disait en français. Ceci n'est qu'un des nombreux exemples d'outils de communication que le photographe a à sa disposition – le langage de la photographie est riche, varié, et permet une communication rapide et précise.

Comment fonctionne ce langage ? De quelle manière les photographies *représentent*-elles le monde ? C'est ici que les images photographiques semblent avoir un statut spécial : elles semblent refléter la réalité du monde mieux que, par exemple, des peintures. Les photographies semblent être des «témoins» privilégiés de la réalité, elles semblent dépeindre le monde avec plus de réalisme que des peintures, non seulement parce qu'elles sont souvent plus détaillées et contiennent «plus d'informations» mais surtout parce qu'elles semblent être *causées par le monde*, et non imaginées par un peintre. La question se pose alors de savoir s'il en est réellement ainsi et si en effet les photographies sont telles qu'elles décrivent le monde d'une manière « réaliste » ou « factive ». Les photographies nous permettent-elles de *littéralement* voir le monde à travers elles, comme certains l'ont suggéré ?

« LES RÉALISMES » À PROPOS DES PHOTOGRAPHIES

Je vais d'abord distinguer trois sortes de « réalisme » à propos des photographies, et discuter du cas des photographies en les comparant toujours à celui des peintures (j'entends par « peinture » une œuvre faite « à la main » par un peintre). Il convient d'abord de savoir si la thèse réaliste concerne l'image photographique elle-même (c'est-à-dire que le réalisme serait la thèse que les photographies dépeignent le monde d'une certaine façon mieux que des peintures, en étant plus fidèles, par exemple) ou si elle concerne *la manière* dont les photographies sont produites. Dans le premier cas, le réalisme est une thèse à propos de l'*apparence* des images photographiques et de l'information qu'elles véhiculent, alors que dans le second cas, le réalisme est une thèse à propos du *processus de production* de photographies. Ce second sens de réalisme est le plus pertinent et le plus discuté dans la littérature philosophique à ce sujet, et il est aussi celui auquel je vais m'intéresser ici, en en distinguant deux variétés, après avoir rapidement évoqué le premier sens de réalisme ci-dessous.

Apparence et réalisme

Compris comme étant une thèse à propos de l'apparence des images photographiques, le réalisme fort est clairement faux. Les photographies sont souvent en noir et blanc, alors que le monde ne l'est pas ; des parties de photographies (voire des photographies entières) sont souvent floues, alors que le monde ne l'est pas ; de nombreuses photographies sont souvent sujettes à des distorsions [1] ; elles nous montrent leurs sujets vus d'un certain angle, et ainsi de suite.

Toutefois, le cas des photographies n'a rien de très particulier, car cela est vrai également des peintures, et même de la perception visuelle humaine normale. Considérons le schéma suivant :

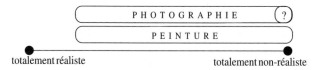

Schéma 1

Nous voyons comment le réalisme fonctionne correctement ici : le réalisme « total » compris comme une thèse forte est faux, mais un tel réalisme admet des degrés – une photographie peut, dans ce sens, être plus ou moins réaliste. Aucune photographie n'est jamais totalement réaliste, pour les raisons déjà mentionnées, mais aussi simplement parce qu'*aucune* manière de dépeindre le monde, c'est-à-dire aucune représentation, n'est jamais totalement réaliste. Ceci est vrai des peintures (même des peintures dites « hyper-réalistes »), mais c'est également vrai de la perception visuelle humaine normale : par exemple, la perception visuelle humaine normale est sensible uniquement à une petite partie du spectre lumineux et nous permet ainsi de voir de manière seulement incomplète les propriétés des objets perçus, la perception visuelle normale est

---

1. Nous verrons cela en détails plus loin, p. 28-31.

également toujours une perception sous un certain angle, et elle inclut aussi des zones floues et des zones plus nettes dans le champs visuel. En bref, nous ne percevons jamais visuellement le monde tel qu'il est, nous le percevons plutôt tel que notre appareil sensoriel nous permet de le voir – un fait assez évident qui a toujours tenu une place de premier rang en philosophie, notamment dans les travaux de Descartes, de Locke ou de Kant. Mais bien sûr, aussi bien les peintures que les photographies (et la perception visuelle normale) sont à même de nous communiquer *certains* traits des objets qu'elles dépeignent, et ainsi elles peuvent être au moins partiellement réalistes.

Le cas le plus intéressant en ce qui concerne les photographies est la question de savoir si les images photographiques peuvent être « totalement non-réalistes » (voir le « ? » dans le schéma 1). Des peintures peuvent l'être – par exemple, une peinture peut très bien n'être qu'une image créée par le peintre utilisant uniquement son imagination et peut ainsi « dépeindre » un objet qui n'existe pas. Les photographies, en revanche, semblent toujours devoir dépeindre quelque chose qui existe, même si, comme nous venons de le voir, elle ne dépeignent pas toujours leurs sujets tels qu'ils sont.

La véritable question soulevée ici est celle de définir ce qui compte comme étant une photographie et ce qui compte comme étant une peinture. Prenons le cas du photographe qui a l'habitude de faire beaucoup de retouches sur ses images (soit en chambre noire en ce qui concerne la photographie traditionnelle, soit sur ordinateur) : il est alors possible, et cela est même parfois le cas, que la photographie résultante de ce processus de retouche soit complètement différente de la façon dont le

« monde photographié » est, et même de ce qu'il y a dans le monde. Ainsi, la photographie sera ici totalement non-réaliste, dans le sens de réalisme que nous sommes en train d'explorer. Mais bien entendu, on peut rejeter cette dernière thèse en insistant qu'une telle image *n'est plus une photographie* : dans le processus de retouche, une peinture a été « peinte par-dessus » la photographie, et il s'agit donc à présent d'une peinture. (Et, en conséquence, il n'y a pas de *photographies* totalement non-réalistes.)

Il y a certainement une bonne intuition derrière cette manière de voir les choses, mais elle soulève un problème qui concerne les limites entre les retouches « acceptables », c'est-à-dire celles qui préservent la nature photographique d'une photographie, et celles « non-acceptables » qui ne la préservent pas. En effet, il y a nécessairement [1] une certaine quantité de retouches qui interviennent toujours dans le processus de création d'une photographie – pour avoir un exemple rapide à l'esprit, pensez simplement aux ajustements de contraste et de luminosité que le photographe doit effectuer lorsqu'il développe un négatif ou un fichier « RAW ». Il sera alors très difficile de trouver des critères et des principes généraux pour discriminer les retouches qui vont être dites faire partie d'un processus normal de production de photographies et celles qui ne vont pas l'être – toute tentative de ce type se heurterait au problème de l'arbitraire. Afin d'éviter ce risque, on devrait alors soit soutenir qu'*aucune* retouche ne fait partie d'un processus normal de production de photographies, ce qui est tout simplement faux comme nous allons le voir dans le détail

---

1. Nous reviendrons sur cette nécessité plus loin, p. 26.

plus loin, soit admettre que *toutes* les retouches sont parties du processus de production normal de création de photographies – et dans ce cas, l'exemple de la photographie fortement retouchée où l'on a « peint par-dessus » compterait comme un cas de véritable photographie (totalement non-réaliste).

Mais on remarque ici que nous nous sommes éloignés de la simple *apparence* de l'image photographique pour parler de la *manière* dont les photographies sont *produites*, ce qui est une thèse réaliste différente que je vais examiner maintenant.

Deux types de réalisme

Les deux types de réalisme à propos de photographies dont je vais discuter à présent en détail concernent la manière dont les photographies sont produites, et sont plus intéressants que le réalisme à propos de l'apparence des images photographiques, car ils nous permettent de voir ce que les photographies ont de *spécial*, en les comparant à des peintures. Il est très important de remarquer que je vais ici me concentrer sur les cas *normaux* de photographies, plutôt que sur des cas « anormaux » comme celui de la photographie très fortement retouchée déjà envisagé. Parfois, la discussion philosophique à ce sujet se concentre même sur le cas de photographies « idéales », notamment chez Scruton[1], dont j'aurai l'occasion de parler plus loin. De manière générale, il y a une bonne raison pour cela, et pour exclure les cas « anormaux » de la discussion : en effet, le réalisme compris comme une thèse à propos du processus de production de photographies est une thèse qui

---

1. R. Scruton, « Photography and Representation », *Critical Inquiry* 7:3, 1981.

implique toujours de manière centrale des affirmations concernant le rôle que les humains (photographes) jouent dans ce processus. Les réalistes affirment que ce rôle est minimal ou même inexistant, alors que les antiréalistes affirment qu'il est au contraire pertinent. Or, dans le cas d'une photographie fortement retouchée, de manière triviale, tous les partis tombent d'accord sur le fait que l'intervention humaine joue là un rôle crucial, et par conséquent, l'antiréalisme est la thèse dominante.

Ainsi, le point central de la discussion repose sur l'idée que ce qui est spécial dans le cas des photographies et ce qui rend intéressante leur comparaison avec des peintures n'est pas tant l'image résultante elle-même mais plutôt la manière dont elle a été produite. La question est alors celle de savoir si, dans des cas normaux non-exotiques, ce processus est tel qu'il y a un sens dans lequel les photographies « font un lien » entre nous et le monde d'une manière dont les peintures ne le font pas.

La thèse réaliste, qui répond par l'affirmative à cette question, se décline en diverses variétés, dont je vais examiner deux, pour en rejeter une et partiellement accepter la seconde. Le premier type de réalisme qui prend ses sources chez Bazin[1], et dont une nouvelle version a récemment été défendue par Hopkins[2], défend l'idée que les systèmes photographiques sont conçus et créés dans un objectif d'exactitude et de précision et que, lorsque tout fonctionne normalement, les photographies reflètent de manière véritable les faits à propos du monde. Le second type de réalisme, défendu de manière célèbre

---

1. A. Bazin, « Ontologie de l'image photographique », dans *Qu'est-ce que le cinéma ?*, Paris, Le Cerf, 1958.

2. R. Hopkins, « Factive Pictorial Experience : What's Special about Photographs ? », *Noûs*, à paraître.

par Walton [1], affirme que les photographies nous permettent *littéralement* de *voir* les objets qu'elles dépeignent – elles sont, comme le dit Walton, *transparentes*.

Dans ce qui suit, je me concentrerai en grande partie sur la défense récente et bien articulée de Hopkins du premier type de réalisme, et je fournirai des raisons de le rejeter. Plus rapidement, j'examinerai ensuite la thèse de Walton, et je proposerai quelles sont les raisons de l'accepter (avec certaines modifications). Ma propre thèse va alors graduellement émerger de ce processus critique.

Les photographies « mécaniques »

Il y a une forte intuition du sens commun à propos des photographies qui les considère comme fournissant un témoignage vrai de la réalité, contrairement aux peintures. Ainsi, les photographies ont été traditionnellement acceptées comme étant des « preuves », par exemple lors de procédures judiciaires. La version du réalisme à propos des photographies que nous allons examiner maintenant souhaite rendre justice à cette intuition ordinaire, en ce qui concerne le cas de photographies normales. Mais il ne s'agit pas ici de défendre cette thèse parce que l'image photographique serait telle qu'elle dépeindrait le monde de manière plus fidèle ou plus précise, car elle n'est ni plus fidèle ni plus précise qu'une peinture hyperréaliste, mais plutôt parce que, selon les défenseurs de ce type de réalisme, les photographies sont *produites de manière essentiellement mécanique*.

---

1. K.L. Walton, « On the Nature of Photographic Realism », *Critical Inquiry* 11:2, 1984.

Voici ce que dit André Bazin :

> […] la photographie et le cinéma sont des découvertes qui satisfont définitivement et dans son essence même l'obsession du réalisme. Si habile que fût le peintre, son œuvre était toujours hypothéquée par une subjectivité inévitable. Un doute subsistait sur l'image à cause de la présence de l'homme. […] le phénomène essentiel […] ne réside-t-il pas dans le simple perfectionnement matériel (la photographie restera longtemps inférieure à la peinture dans l'imitation des couleurs), mais dans un fait psychologique : la satisfaction complète de notre appétit d'illusion *par une reproduction mécanique dont l'homme est exclu*. La solution n'était pas dans le résultat, mais dans la genèse. […] Pour la première fois, entre l'objet initial et sa représentation, rien ne s'interpose qu'un autre objet. Pour la première fois, *une image du monde extérieur se forme automatiquement sans intervention créatrice de l'homme, selon un déterminisme rigoureux* [1].

Scruton insiste également sur le processus de production des photographies comme étant essentiellement causal, et il minimise le rôle des intentions du photographe :

> […] *le sujet est, en gros, tel qu'il apparaît dans la photographie*. En caractérisant la relation entre la photographie idéale et son sujet, l'on caractérise *non pas une intention mais un processus causal*, et bien qu'il y soit impliqué, en principe, un acte intentionnel, ceci *n'est pas une partie essentielle* de la relation photographique. La photographie idéale donne lieu aussi à une apparence, mais cette apparence n'est pas intéres-

---

1. A. Bazin, « Ontologie de l'image photographique », art. cit., p. 12-13, nous soulignons.

sante en tant que réalisation d'une intention mais plutôt comme *un enregistrement de la manière dont un objet apparaissait*[1].

Dans un article récent, Hopkins affirme également que :

> La photographie traditionnelle, en contraste [avec des peintures], implique une *chaîne causale libre de l'influence de croyances et d'expériences* de personnes […][2].

Je défendrai au contraire la thèse que, *nécessairement*, les croyances et intentions du photographe constituent un facteur *central* dans le processus de production de toute photographie normale. La prétendue « chaîne causale » dont serait constitué le processus de production de photographies, *est* nécessairement et de manière cruciale sous l'influence du photographe.

Une manière de défendre ce « réalisme de la chaîne causale »[3] consiste à dire que l'expérience d'une photographie normale est *factive* ce qui signifie que la photographie nous place dans un état psychologique factif dans lequel des peintures ne nous placent jamais. La factivité est ainsi une propriété des états mentaux de l'observateur d'une photographie, non de la photographie elle-même. Les états mentaux factifs sont tels qu'ils capturent la manière dont *les choses sont dans le monde*. On reconnaît ici que des personnes soient impliquées dans la production de photographies, mais uniquement d'une manière non-essentielle, c'est-à-dire sans affecter la préservation de

---

1. R. Scruton, « Photography and Representation », art. cit., p. 579, nous soulignons.

2. R. Hopkins, « Factive Pictorial Experience : What's Special about Photographs ? », art. cit., nous soulignons.

3. Développée dans l'article récent de R. Hopkins, « Factive Pictorial Experience : What's Special about Photographs ? », art. cit.

l'information, et donc sans exclure la factivité. L'expérience de photographies est ainsi dite refléter les faits, et elle montre comment les choses étaient au moment où la photographie a été prise, du moins lorsque tout fonctionne comme cela devrait. De plus, la thèse défendue ici insiste également sur deux autres points crucialement pertinents, le premier étant la notion de correction et de précision : le but final et principal des systèmes photographiques est de capturer de manière précise et correcte comment les choses sont et c'est ce pourquoi les systèmes photographiques ont été conçus. Le second point qui joue également un rôle important insiste sur l'existence d'une *norme* qui nous dit quand effectivement tout fonctionne comme cela devrait – car c'est seulement lorsque cette condition est satisfaite que les photographies peuvent donner lieu à des états mentaux factifs. Cette norme, qui est spécifique à chaque aspect technique du processus de production d'une photographie (la mise au point, par exemple) peut être de manière générale simplement formulée comme étant la norme « fonctionner de manière correcte ». Pour résumer, l'idée défendue par ce type de réalisme est que la photographie traditionnelle est *conçue* pour produire de manière causale des perceptions visuelles factives et c'est précisément ce qu'elle produit lorsque tout fonctionne comme cela devrait.

Je vais maintenant rejeter ces thèses réalistes, ce qui va nous fournir une image plus correcte de ce qu'est la photographie. Pour ce faire, il me faut à présent exposer d'une manière un peu plus détaillée comment les systèmes photographiques fonctionnent *normalement*. Examinons les deux schémas suivants :

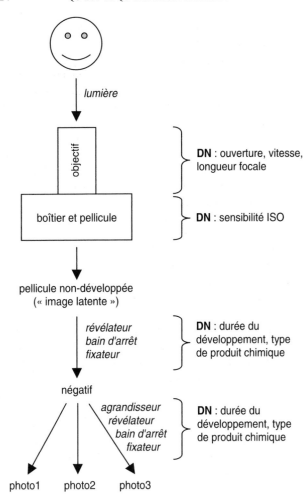

Schéma 2

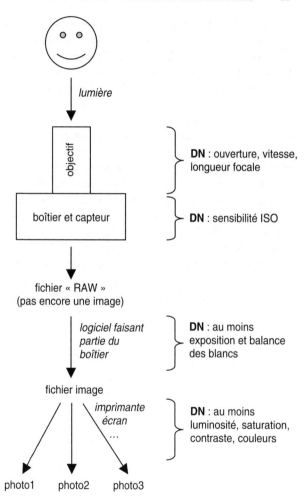

Schéma 3

Le schéma 2 représente le processus de production de photographies produites par un système photographique traditionnel qui utilise une pellicule photosensible pour enregistrer l'image, alors que le schéma 3 représente un processus de production de photographies qui fait appel à un système photographique numérique. J'examinerai les deux types de systèmes en parallèle, et montrerai qu'en ce qui concerne la question du réalisme il n'y a pas de grandes différences entre eux.

Le point le plus important à noter sur ces schémas est que plusieurs des étapes du processus de production d'une photographie impliquent des «DN», c'est-à-dire des *Décisions Nécessaires* prises par le photographe. Ces Décisions Nécessaires sont des décisions que le photographe *doit* prendre à chaque fois qu'il réalise une photographie – *il est impossible de ne pas prendre ces décisions lorsqu'on prend une photographie*. Bien entendu, en particulier en ce qui concerne la photographie amateur, de telles décisions sont parfois automatisées, mais cela signifie seulement que le photographe a décidé de laisser quelqu'un d'autre (la personne qui a programmé le système automatique) prendre ces décisions à sa place. Nous voyons donc ici immédiatement que les systèmes photographiques fonctionnent de telle manière que, *nécessairement*, les intentions du photographe jouent un rôle central dans le processus de production d'une photographie, et que ceci a une influence importante sur l'apparence de l'image photographique résultante. Afin de disposer de quelques exemples clairs que l'on peut garder à l'esprit pour bien comprendre cette dernière affirmation, considérons trois cas de Décisions Nécessaires : ouverture, vitesse, et longueur focale.

Ouverture

Nous avons déjà fait connaissance avec la notion de profondeur de champs liée à l'ouverture lorsque nous avons examiné les deux photos des jeunes mariés. Ces deux photographies ont été prises avec une ouverture assez grande (2.8), d'où résulte une profondeur de champs relativement courte, et par conséquent certaines parties du monde sont dépeintes comme étant floues, mais puisque le monde n'est pas flou, ces images ne sont pas factives[1] (une peinture hyperréaliste aurait été plus factive). Au mieux, il serait possible de dire qu'elles sont partiellement factives (je parlerai de factivité partielle plus loin). Ces photographies ne sont donc *pas* des représentations de « comment les choses étaient au moment où la photographie a été prise ».

Il est important ici de remarquer qu'il serait entièrement arbitraire d'affirmer que telle-ou-telle ouverture est plus « normale » que telle autre, car pourquoi 2.8 serait plus ou moins normal que 32 ou que 16 ? Plutôt, ce qui est normal est que le photographe dispose d'un éventail de possibilités en ce qui concerne le choix de l'ouverture et qu'*il* doit *opérer un tel choix à chaque fois qu'il réalise une photographie.*

Par ailleurs, il convient également de bien noter (ceci va être important plus loin) que selon ce que le photographe souhaite transmettre, c'est-à-dire, selon « l'histoire » que le photographe souhaite raconter à travers son image, il peut soit choisir de faire la mise au point sur les alliances, soit sur les visages des mariés, et exprimer ainsi soit plus l'idée du mariage soit plutôt l'idée de l'amour entre les deux personnes.

---

1. Par simplicité de formulation, je dirai d'une photographie qu'elle est factive lorsqu'elle produit un état mental factif chez l'observateur.

Focale

Observons à présent les trois photographies suivantes.

Photographie 3
http://www.benovsky.com

Photographie 4
http://www.benovsky.com

Photographie 5
http://www.benovsky.com

La première a été prise avec un objectif grand-angle à une focale très courte (16mm), la seconde a été prise à une focale moyenne (80mm) et la troisième à une focale plus longue

(320mm). On observe ici aisément que selon le choix de la focale, l'image résultante est déformée de diverses manières : la première image présente une forte distorsion « en barillet », la seconde image présente une très faible distorsion « en barillet » et la troisième est au contraire légèrement distordue « en coussinet » (sur la première image, la distorsion très forte est apparente au premier regard, sur les deux autres cela nécessite une observation plus minutieuse qui peut se faire simplement en comparant bien la seconde et troisième photographies, en vous concentrant sur les lèvres, le nez, la distance entre les yeux, et les joues).

Ainsi, selon le choix de la focale, l'image est plus ou moins distordue, dans un sens (« barillet ») ou dans l'autre (« coussinet »). Ce qui est important de noter ici est que *les trois* images subissent une distorsion. Mais puisque le monde n'est pas distordu de ces manières, aucune de ces photographies n'est factive : elles ne dépeignent pas « comment les choses étaient au moment où la photographie a été prise ».

De même que pour l'ouverture, il serait également arbitraire ici d'affirmer que telle ou telle focale est « plus normale » qu'une autre, puisque toutes les trois sont sujettes à une distorsion. Plutôt, ce qui est normal est que le photographe dispose d'un éventail de possibilités en ce qui concerne le choix de la focale et qu'*il* doit *opérer un tel choix à chaque fois qu'il réalise une photographie.*

Ainsi, selon le type de message que le photographe souhaite communiquer à travers son image, il peut soit choisir une focale plutôt courte, soit une focale longue : dans le premier cas, par exemple, pour produire un effet comique, alors que le second cas (c'est-à-dire la photographie 5) s'applique plutôt à la photographie de mode.

Vitesse

Pour terminer, regardons bien la photographie suivante qui a été prise en utilisant un temps d'exposition (vitesse) très long ce qui fait apparaître des objets en mouvement (le train et la personne) comme étant flous.

Photographie 6
http://www.benovsky.com/illustration/

Or, le monde n'est pas flou de cette manière, et donc cette photographie n'est pas factive : elle ne dépeint pas « comment les choses étaient au moment où la photographie a été prise ». Il y a un autre cas bien connu qui illustre ceci : si l'on photographie une rue bondée avec un temps d'exposition vraiment très long, les objets en mouvement (les personnes) ne seront pas enregistrées de manière visible sur la photographie résultante, et la rue sera ainsi dépeinte comme étant *vide*.

Comme précédemment, il est également important ici de noter qu'il serait entièrement arbitraire d'affirmer que tel ou tel réglage de vitesse est « plus normal » qu'un autre, car pourquoi un réglage de 2 secondes serait plus ou moins normal que $1/100^e$ de seconde ou $1/500^e$ de seconde ? Tout réglage de vitesse sur un appareil photographique sélectionne un intervalle de temps plus ou moins long. Plutôt, ce qui est normal est que le photographe dispose d'un éventail de possibilités en ce qui concerne le choix de la vitesse et qu'*il* doit *opérer un tel choix à chaque fois qu'il réalise une photographie*.

Des Décisions Nécessaires

Nous avons vu ci-dessus trois exemples typiques de cas où le photographe est appelé à prendre des décisions en ce qui concerne les réglages à effectuer avant la prise de vue, et nous avons vu les effets que cela a sur la factivité des photographies résultantes. Ce qui est ici crucial de remarquer est que tous ces cas de Décisions Nécessaires (de même que les autres DN qui figurent sur les schémas 2 et 3) sont des cas normaux qui font appel à des réglages standards et que ce *sont* des cas où « tout fonctionne comme cela devrait ». L'ouverture, la focale, et la vitesse sont d'ailleurs les trois réglages les plus standards utilisés par tout système photographique, et il est impossible de réaliser une photographie avec un système photographique standard sans prendre une décision concernant (au moins) ces trois réglages. Ainsi, non seulement ces réglages sont des cas de fonctionnement correct d'un système photographique, mais en plus nous voyons qu'utiliser une courte profondeur de champs en faisant appel à une grande ouverture, utiliser la focale pour choisir entre des distorsions voulues et des distorsions non-souhaitables, ou encore utiliser la vitesse pour produire une image floue ou plus nette, sont des exemples typiques de ce pourquoi les systèmes photographiques ont été *conçus et créés* : non pas, comme les réalistes l'affirment, la précision, mais plutôt nous voyons ici que les systèmes photographiques sont des outils créatifs qui, nécessairement et de par leur nature, *obligent* le photographe à opérer des choix créatifs qui ont un fort impact sur l'image résultante. Ainsi, l'affirmation que « le but final et principal des systèmes photographiques est la précision [*accuracy*] » est bien trop restrictive et ne rend pas justice à ce pourquoi les systèmes photographiques sont typiquement conçus et ce qu'ils peuvent typiquement faire.

Factivité

Nous voyons donc ici que les photographies ne sont pas *en principe* factives. Aussi bien des photographies que des peintures *peuvent*, du moins à un certain degré, être factives – et peut-être est-il vrai qu'une photographie peut être plus factive qu'une peinture, même hyperréaliste, dans certains cas – mais elles ne sont pas telles en principe, car toute photographie dépend des Décisions Nécessaires prises par le photographe qui sont toutes sources de non-factivité.

Scruton pense qu'il peut éviter la pertinence des Décisions Nécessaires en affirmant que *son* réalisme n'est pas à propos de photographies *normales* mais à propos de photographies *idéales*, c'est-à-dire des photographies qui sont totalement libres de toute intervention humaine significative. Scruton ajoute alors que « la photographie normale [*actual*] est le résultat de la tentative de polluer l'idéal du métier [de photographe] avec les buts et méthodes de la peinture »[1].

À mon sens, on ne peut pas se tromper davantage. Premièrement, la stratégie de Scruton est circulaire : il *définit* la photographie comme étant libre de toute intervention humaine significative, plutôt que de le démontrer. Deuxièmement, s'il existait une telle chose comme la « photographie idéale » (ce qui n'est pas le cas !), cela ne nous apprendrait rien sur la *photographie* (normale). Or, c'est bien cela qui est au centre de notre intérêt, et Scruton est ici donc simplement hors-sujet. Troisièmement et surtout, comme mon argument des DN le montre, la photographie idéale n'est même *pas possible* (puis les DN sont *nécessaires*)[2].

Un élément qui survient dans ce que Scruton dit m'apparaît comme étant très important et correct (Scruton lui-même rejette ce point, en accord avec sa théorie) : la conséquence de ma thèse et de mon argument des DN est que, nécessairement, le photographe *est*, dans un sens, *un peintre*. (C'est d'ailleurs

---

1. R. Scruton, « Photography and Representation », art. cit., p. 578.

2. On peut également suspecter que quelque chose ne va pas avec la théorie de Scruton dans la mesure où elle le pousse à produire des assertions presque absurdes comme : « […] si l'on trouve belle une photographie, c'est parce que l'on trouve quelque chose de beau dans son sujet. Une peinture peut être belle, en revanche, même lorsqu'elle représente une chose laide. » R. Scruton, « Photography and Representation », art. cit., p. 590.

pourquoi j'aime métaphoriquement appeler la photographie
« peinture avec de la lumière ».) Ainsi, je pense qu'il est
incorrect de tracer une ligne claire et précise entre la peinture et
la photographie. Bien sûr, le peintre et le photographe ne
travaillent pas de la même manière, ni avec les mêmes outils, ni
avec les mêmes résultats ; et je ne nie pas qu'il y a des différences significatives entre les deux arts. Mais tous les deux
travaillent de telle manière qu'ils observent le monde, utilisent
leur imagination, et ensuite dépeignent ce monde d'une façon
qui transmet les faits, les émotions, ou les idées… de la
manière dont ils *veulent* les transmettre.

Mon argument s'arrête ici, mais je voudrais l'étendre un
peu. (Si toutefois vous n'êtes pas d'accord avec ce qui suit, cela
ne vous empêche pas pour autant d'accepter ce qui précède.)
Rappelez-vous la discussion à propos de la photographie
fortement retouchée[1], et de la question qui était de savoir s'il
s'agit ou non d'une peinture. Gardez également à l'esprit
les deux schémas[2] qui représentent le fonctionnement des
systèmes photographiques traditionnel et numérique. La photographie est le résultat que nous pouvons trouver seulement à la
fin de cette chaîne de production, c'est-à-dire, non seulement
après que des DN aient été prises en ce qui concerne l'ouverture, la focale ou la vitesse, mais aussi après que d'autres DN
ont été prises, y compris des DN qui se situent dans la catégorie
des techniques de retouche (contraste, couleurs, saturation). Il
y a d'autres techniques de retouche qui ne sont *pas nécessaires*
mais contingentes dans le processus de production d'une photographie (appelons-les « *Décisions Contingentes* », « DC »), et

---

1. *Cf.* p. 16-18.
2. *Cf.* p. 24-25.

ce sont typiquement ces dernières que nous avons à l'esprit lorsque nous considérons un cas de photographie fortement retouchée. Devrions-nous alors exclure ces DC du processus normal de production de photographies juste parce qu'elles sont contingentes ? Si nous visons une notion telle que celle de « photographies idéales » alors probablement, oui, nous le devrions. Mais si la notion qui nous intéresse est celle de la photographie normale, et celle de la manière normale dont les photographes travaillent, il est alors évident que de telles DC tiennent une place standard et importante dans le processus de production de photographies. (Ceci est en particulier le cas pour la photographie numérique où il est extrêmement commun de retoucher les photographies que l'on prend, car il est très facile de le faire en utilisant un logiciel approprié, mais cela reste également vrai de la photographie traditionnelle même s'il s'agit là de techniques plus difficiles à mettre en œuvre.)

Non seulement nous avons donc une bonne raison d'accepter une photographie fortement retouchée comme étant une véritable photographie, mais nous avons également ici une vision générale de la photographie comme un processus comprenant un certain nombre d'étapes diverses, dont certaines sont purement mécaniques et causales, certaines impliquent des Décisions Nécessaires, et d'autres impliquent des Décisions Contingentes mais importantes et communes. Le résultat de l'accumulation de ces étapes est une œuvre d'art qui *est* une photographie (puisqu'elle a été produite par des techniques photographies normales). Elle implique de manière essentielle le photographe, comme élément central de la chaîne de production, et elle est telle qu'elle l'oblige souvent à adopter un comportement similaire à celui du peintre. C'est cette vision générale, que l'on pourrait appeler antiréaliste ou intentionnelle, de la photographie que je me propose de soutenir.

Les photographies transparentes

Kendall Walton [1] se réfère également à sa thèse par le terme de « réalisme », mais ce qu'il entend par là est bien différent, et indépendant, du type de réalisme que nous venons d'examiner. En effet, comme nous allons le voir, le réalisme de Walton peut être combiné avec mon rejet du réalisme tel que nous l'avons vu ci-dessus. L'idée générale et intuitive que la théorie de Walton partage avec celui-ci, et que je partage également, est que d'une certaine manière les photographies nous « connectent » mieux avec le monde que les peintures. Mais Walton voit cette connexion non pas comme étant liée à la notion de précision ou de factivité, mais plutôt à l'idée que les photographies, contrairement aux peintures, nous permettent *littéralement* de *voir* le monde à travers elles – il dit alors que les photographies sont *transparentes*.

Je partage cette conception de Walton, mais pas entièrement pour les mêmes raisons que lui. Voici comment Walton lui-même présente son idée :

> [...] une partie de ce que cela veut dire de voir quelque chose est d'avoir des expériences visuelles qui sont causées de manière purement mécanique. Les objets causent leurs photographies et les expériences visuelles de l'observateur mécaniquement ; ainsi, nous voyons ces objets à travers les photographies. En revanche, les objets causent des peintures non pas mécaniquement mais d'une manière plus « humaine », une manière

---

1. K.L. Walton, « On the Nature of Photographic Realism », art. cit.

qui implique l'artiste; ainsi, nous ne voyons pas à travers des peintures[1].

Il y a deux éléments dans ce que dit Walton. Premièrement, lorsque nous regardons une photographie, nous voyons la photographie elle-même, mais également, nous voyons littéralement l'objet dépeint par la photographie. Ceci ne vaut pas dans le cas des peintures. Les systèmes photographiques sont analogues aux télescopes, miroirs, ou caméras de surveillance : ce sont des aides prosthétiques à la vision, des outils qui nous permettent de voir plus loin que ce que notre appareil sensoriel nous permet normalement de faire, ils nous permettent de voir derrière un coin, ou encore de voir ce qui se passe dans une autre pièce. Dans le cas des photographies, nous pouvons ainsi typiquement voir des objets qui sont spatio-temporellement distants de nous. La manière mécanique dont les photographies sont produites, du moins partiellement, joue ici un rôle crucial : c'est uniquement grâce à ce processus mécanique que l'on peut soutenir que les photographies sont des extensions de la vision humaine normale.

Le second composant de la thèse de Walton est l'affirmation que les objets causent leurs photographies et les expériences visuelles de l'observateur (de la photographie) de manière *purement* mécanique.

Le second point n'est pas nécessaire pour établir le premier, et j'espère avoir suffisamment montré que ce second point est faux. C'est là que je me sépare de Walton, tout en adhérant entièrement au premier composant de sa thèse, qui est également le point le plus important pour Walton lui-même,

---

1. K.L. Walton, « On the Nature of Photographic Realism », art. cit., p. 261.

et c'est donc à ce premier point que je vais désormais faire référence en parlant du réalisme de Walton et de sa thèse de la transparence.

Des objections à la thèse de Walton insistent parfois sur un fait prétendument bizarre qu'elle implique : si Walton avait raison, les photographies nous permettraient littéralement de *voir le passé*. Mais il n'y a rien de bizarre à cela : des téléscopes, des miroirs et des caméras de surveillance nous permettent également de voir le passé (puisque cela prend du temps pour les photos de voyager de galaxies lointaines jusqu'à nos yeux, ou de la surface du miroir jusqu'à nous, etc.). En effet, toute expérience visuelle est toujours une expérience visuelle du passé, même dans le cas de la perception visuelle humaine normale (pour la même raison). Étant des appareils mécaniques similaires aux téléscopes ou d'autres appareils similaires (après tout, un objectif n'est pas très différent d'un téléscope, beaucoup de systèmes photographiques utilisent des miroirs comme composants essentiels, et beaucoup de systèmes photographiques utilisent des composants similaires à ceux utilisés dans des caméras vidéo), les systèmes photographiques fonctionnent de telle manière qu'ils produisent des images qui sont transparentes.

Mais, comme nous l'avons vu plus haut, ceci n'est pas le fin mot de l'histoire : tout en étant partiellement mécanique, le processus de production de photographies implique également, et de manière cruciale, des « facteurs humains » à plusieurs étapes du processus (les DN et DC). Il n'y a aucune contradiction à dire que le processus de production des photographies est partiellement essentiellement mécanique et partiellement essentiellement influencé par des décisions humaines, et la thèse de la transparence est ainsi indépendante de la thèse de la factivité : les photographies nous permettent de littéralement voir le monde à travers d'elles, mais pas d'une manière factive et précise. Ainsi, le but final de la photographie n'est pas de dépeindre le monde de manière précise et factive, mais plutôt celui de nous faire *voir* le monde de la manière de laquelle le photographe souhaite nous le faire voir.

Pour conclure cette discussion, voici une représentation schématique de la manière dont le réalisme en photographie peut être correctement articulé :

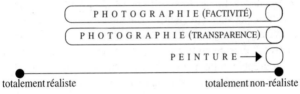

Schéma 4

En ce qui concerne la thèse de la factivité, comme nous l'avons vue plus haut, aucune photographie n'est jamais totalement réaliste à cause de l'influence nécessaire des DN. La même chose est vraie en ce qui concerne la thèse de la transparence : les DN empêchent les photographies d'être transparentes pour la même raison (le processus de production de photographies n'est jamais totalement mécanique). Mais elles peuvent être, et le plus souvent sont, partiellement transparentes et partiellement factives. Le point intéressant ici est que bien que les photographies soient typiquement transparentes et factives en ce qui concerne des énoncés existentiels quantifiés tel que « *a* existe » ou « il y a des *x* », elles sont souvent non-transparentes et non-factives en ce qui concerne l'attribution de propriétés aux objets dépeints, comme « *a* est F ». Toutes les photographies qui illustrent ce livre, par exemple, sont factives et transparentes en ce qui concerne l'existence d'une personne, mais seulement partiellement factives et partiellement transparentes en ce qui concerne comment cette personne est.

Les peintures ne sont jamais réalistes, même partiellement, car le processus de production de peintures ne contient normalement pas d'étapes purement mécaniques ou causales, et il est entièrement influencé par des décisions et choix du peintre – ainsi, les peintures sont toujours essentiellement totalement non-réalistes. La question difficile est de savoir si les photographies peuvent être telles également. Les photographies peuvent-elles être totalement non-transparentes et/ou non-factives ? Plus précisément, la question est la suivante : si une photographie, telle que la photographie fortement retouchée dont il a déjà été question, est totalement non-transparente et non-factive, est-ce encore une *photographie* ? Si nous effaçons entièrement l'influence des étapes mécaniques du processus de production de l'image, il n'y a plus aucun fondement en faveur de l'affirmation que nous *voyons* littéralement quelque chose à travers elle, et partant, une photographie fortement retouchée de cette manière ne nous permet pas plus de voir le monde à travers elle qu'une peinture. Comme nous l'avons déjà vu, le même raisonnement s'applique également à la factivité. Mais alors, de telles images « comptent-elles » encore comme étant des photographies ?

Pour trancher, il nous faudrait ici décider si non seulement des DN mais également une *quantité illimitée* de DC peuvent être admises en tant que parties du processus de production de photographies. Plus haut, j'ai suggéré qu'elles le devraient, minimisant ainsi la distinction entre le photographe et le peintre. Noël Carroll fait une suggestion similaire en ce qui

concerne le cinéma[1] et Walton propose également une telle
thèse en ce qui concerne la photographie numérique lorsqu'il
dit que « notre expérience d'images numériques devient plutôt
comme celle de peintures »[2]. Notez que Walton opère ici une
distinction entre la photographie traditionnelle et la photographie numérique, mais comme nous l'avons vu une telle distinction n'est pas fondée dans ce cas car il y a autant de DN et DC
dans le processus de production de photographies numériques
que de photographies traditionnelles. Cela n'enlève pour
autant rien à l'intérêt de la thèse générale qui minimise la
frontière entre la photographie (traditionnelle *et* numérique)
et la peinture.

Mais peut-être qu'adopter cette idée nous fait perdre une
distinction intéressante entre la photographie comme étant
essentiellement partiellement mécanique et la peinture comme
étant essentiellement totalement non-mécanique, et par conséquent bien qu'une certaine quantité de DC devrait être admise
comme partie d'un processus de production de photographies
normal, il se pourrait que l'admission d'une quantité illimitée
de telles DC ne devrait pas l'être, et que des photographies si
fortement retouchées qu'on pourrait dire qu'une peinture a été
« peinte par-dessus » la photographie ne sont plus des cas
véritables de photographies.

Comprise de cette manière, cette controverse est alors une
simple affaire terminologique et définitionnelle, étant donné
que plus rien de conceptuellement obscur ne demeure.

1. N. Carroll, *Theorizing the Moving Image*, Cambridge, Cambridge UP,
1996, p. 60.
2. K.L. Walton, *Marvelous Images: On Values and the Arts*, Oxford,
Oxford UP, 2008, p. 115.

Pourquoi les photographies n'existent pas

Étudier la nature des photographies en les comparant aux peintures nous a permis de mettre en lumière certains de leurs traits singuliers. Il est maintenant temps de nous intéresser aux photographies uniquement pour elles-mêmes : quelle genre d'entités sont-elles ? Du point de vue du métaphysicien, les photographies représentent un véritable défi théorique. Et même du point de vue intuitif, le genre de chose qu'est une photographie est loin d'être clair. Rappelez-vous les difficultés avec mon client : il n'est pas du tout facile d'expliquer ce que l'on veut dire lorsqu'on souhaite « acheter une photographie » et le problème vient bien de la nature très évasive de celle-ci. On peut penser qu'une photographie est un tirage ou un certain nombre de tirages, on pourrait également penser que *la* photographie est le négatif (en photographie traditionnelle) ou le fichier image (en photographie numérique). Comme mon client et moi l'avons constaté, il semble être *impossible* d'acheter une photographie, tout simplement parce que l'on ne semble pas très bien savoir ce que c'est.

Le photographe trouve une solution, et au lieu de vendre une photographie, il vend autre chose : un tirage, un droit d'utilisation, etc. Mais le philosophe ne peut pas se satisfaire d'une telle solution pratique. En tant que métaphysicien, je me propose donc de faire face au défi suivant : découvrir à quelle catégorie ontologique les photographies appartiennent. Sont-elles des entités concrètes spatio-temporelles comme des tirages ? ou bien sont-elles des universaux qui ont de nombreuses instances (les tirages) ? Sont-elles des ensembles ou agrégats de tirages ? ou encore sont-elles quelque chose de tout à fait différent ? J'examinerai dans ce qui suit tous les candidats au titre de la catégorie ontologique à laquelle les photographies pourraient appartenir, et tenterai d'établir laquelle est la plus adaptée. Mais, comme nous allons le voir, bien que plusieurs catégories ontologiques traditionnelles se révéleront très utiles et éclairantes pour décrire certains traits de la nature des photographies, aucune ne sera entièrement satisfaisante. Nous verrons que les photographies sont des cas limites qui partagent certains aspects, mais pas tous, de plusieurs catégories ontologiques traditionnelles. Est-il alors justifié de postuler l'existence d'une nouvelle catégorie à laquelle les photographies pourraient véritablement appartenir ? Je vais rejeter cette approche, surtout pour des raisons méthodologiques, et je vais plutôt défendre une autre manière de nous sortir de l'embarras en élaborant une thèse « nihiliste » à propos de l'existence de photographies. C'est la thèse que les photographies n'existent pas – mais je vais également défendre la thèse que ceci n'est pas une affirmation contre-intuitive, et qu'elle ne nous oblige pas à abandonner nos croyances ordinaires à propos des photographies.

Quelques pré-requis pour être une photographie

Commençons par l'examen de deux prémisses qui constitueront deux *desiderata* qu'une bonne théorie métaphysique à propos de la nature des photographies doit satisfaire.

Premièrement, les photographies peuvent être *vues* – ce sont des entités qui peuvent être visuellement perçues par des êtres humains normaux. Ceci est bien entendu seulement une condition nécessaire, et non suffisante, mais elle est importante car elle nous permet d'éliminer d'emblée la suggestion que les photographies seraient des entités mentales. Levinson opère la même remarque en ce qui concerne les morceaux de musique, qui tout comme les photographies deviendraient inaccessibles et impossibles à partager si elles étaient des entités mentales « privées », confinées dans l'esprit d'une personne, mais « invisibles » pour d'autres[1]. Au contraire, c'est une partie centrale de notre conception de ce que sont les photographies qu'elles peuvent être vues par un grand nombre d'observateurs différents.

Deuxièmement, les photographies peuvent *commencer à existér* et *cesser d'exister*. Une autre manière de le dire est de prendre conscience que les photographies sont *créées* plutôt que *découvertes*, que ce sont des entités *fabriquées* par un être humain. Tout comme pour le premier desideratum, je pense que la justification de ce second point consiste simplement en une croyance largement et profondément ancrée dans notre conception de ce que sont les photographies ; de plus, il s'agit également d'une thèse philosophique aisément défendable[2]. Nier cette thèse, c'est-à-dire affirmer que les photographies existent éternellement sans jamais commencer à exister ni cesser d'exister entraînerait la conclusion que toutes les photographies existent même avant qu'elles n'ait été prises par un photographe, ce qui se situe à la limite de l'absurdité.

En gardant ces deux desiderata à l'esprit, réexaminons à présent le *processus de production* de photographies, tel que nous l'avons déjà vu sur les schémas 2 et 3[3], et considérons-le d'un angle nouveau.

---

1. J. Levinson, « What a Musical Work Is », *Journal of Philosophy* 77(1), 1980, p. 63.

2. Voir, par exemple, J. Levinson, « What a Musical Work Is », art. cit. et « What a Musical Work Is, Again », dans *Music, Art, and Metaphysics*, Ithaca, Cornell UP, 1991, à propos du cas parallèle des morceaux de musique.

3. *Cf.* p. 24 et 25.

Le schéma 2 illustre un processus typique et minimal de production d'une photographie traditionnelle, en utilisant une pellicule, alors que le schéma 3 illustre le processus de production typique d'une photographie en utilisant un système photographique numérique. Ce qui est très important à souligner ici est que c'est uniquement à la *fin* de ces processus de production que nous avons une *photographie*. Il y a un sens dans lequel la photographie « est déjà là » à certaines étapes intermédiaires du processus de production, car elle est au moins partiellement là dans la pellicule non-développée, dans le négatif, dans le fichier RAW, ou dans un fichier image, mais les entités impliquées par ces étapes (pellicule non-développée, négatif, fichier informatique) ne sont pas des photographies car le processus de production n'est pas terminé, et parce qu'aucune de ces entités ne satisfait la condition de pouvoir être visuellement perçue. Certes, l'on peut voir une image si l'on regarde de près un négatif (contrairement au cas des autres entités précitées où il n'y a strictement rien à voir), mais l'image qu'on voit n'est pas la photographie, il s'agit d'une image non-achevée dont les couleurs, par exemple, ne sont pas encore véritablement déterminées et le seront uniquement après que le processus de développement aura eu lieu. Dans un certain sens, voir une telle image sur le négatif est un peu comme voir l'ébauche d'un tableau qui n'est pas encore achevé. Ainsi, d'un côté il semble que ces entités ne sont pas de bons candidats pour être des photographies, mais d'un autre côté, il serait correct de dire qu'elles recèlent la photographie de manière *dispositionelle*. Je ne vais *pas* accepter la thèse que les photographies sont des dispositions, mais je vais discuter plus loin le rôle important que jouent ces étapes intermédiaires de production où la photographie « existe en tant que disposition ».

Une autre manière de souligner qu'une *photographie* vient à exister uniquement à la fin du processus de production est d'insister sur le rôle crucial des outils de la chambre noire et de leurs analogues numériques, et d'accepter que ceux-ci sont des éléments essentiels de tout système photographique (pensez à la discussion des DN ci-dessus). En effet, affirmer qu'un système photographique est composé uniquement d'un objectif et du boîtier de l'appareil photographique serait une erreur, car un système photographique inclut véritablement d'autres composants variés qui correspondent aux différentes étapes de production des photographies. Il s'agit par exemple de produits chimiques, agrandisseurs, logiciels, imprimantes, et bien d'autres outils, sans lesquels aucune photographie ne pourrait commencer à exister, et il est donc tout à fait naturel de les compter parmi les parties standards de tout système photographique normal. On peut faire ici une comparaison utile avec le cas de certaines œuvres musicales, et en particulier avec la théorie du *rock* de Roger Pouivet :

> Dans le rock, l'enregistrement n'a pas pour fonction de simplement reproduire une exécution [...]. Un enregistrement est la plupart du temps l'agrégation et le *mixage* de plusieurs pistes indépendantes. Autrement dit, ce qu'on entend en écoutant l'enregistrement n'a jamais été entendu par personne *avant que l'enregistrement, résultant de techniques de studio, ne soit terminé*. [...]
>
> Les œuvres rock ne sont pas d'abord interprétées et ensuite enregistrées ; l'enregistrement est leur manière de venir à l'existence, leur manière d'être. Elles n'existent pas avant la production d'un enregistrement-artefact. [...]

Ces œuvres existent quand un processus historique de composition – le mixage d'éléments musicaux – est considéré comme clos [1].

Selon une telle conception du rock, parallèlement au cas de la photographie, l'étape d'enregistrement initial (enregistrement de sons produits par des instruments ou du chant en studio en ce qui concerne le rock, l'enregistrement de l'impact de photons sur une pellicule ou un capteur numérique en ce qui concerne la photographie) est nécessairement accompagnée d'étapes de production techniques et artistiques subséquentes, et ce n'est que ce processus dans sa totalité qui est à même de donner lieu à l'existence d'une photographie ou d'une œuvre musicale rock, comme le propose Pouivet.

En ce qui concerne le cas des photographies, les *logiciels* constituent un cas un peu particulier. En effet, en photographie numérique, le logiciel peut être intégré directement dans le boîtier de l'appareil photographique où les fichiers RAW sont traités – c'est souvent le cas pour la photographie amateur, où il arrive même que les utilisateurs de tels systèmes photographiques ne se rendent pas compte qu'il y a bien deux étapes distinctes dans le processus de production des fichiers images (en passant d'abord par l'étape du fichier RAW). Mais il est également possible, et le plus souvent le cas pour les photographes professionnels, de n'utiliser qu'au minimum le logiciel intégré dans l'appareil photographique, et de traiter les fichiers RAW manuellement sur ordinateur plus tard. Mais ceci ne fait aucune différence de principe : intégré ou non, le logiciel (tout comme ses contreparties de la chambre noire) est

---

1. R. Pouivet, *Philosophie du rock*, Paris, PUF, 2010, p. 12, 50 et 53, nous soulignons.

un composant essentiel de tout système photographique, sans lequel il ne serait pas possible qu'une photographie commence à exister.

Il y a toutefois une différence, qui aura son importance plus loin, entre les systèmes photographiques numériques et les systèmes traditionnels qui utilisent une pellicule : les fichiers RAW et les fichiers image sont bien plus aisés à dupliquer, et ils peuvent l'être sans perte d'information, c'est-à-dire sans perte de propriétés qualitatives, alors que les pellicules non-développées et les négatifs sont très difficiles à dupliquer, et tout processus de duplication entraîne une altération de leurs propriétés qualitatives – ainsi, un tel processus ne préserve pas l'identité qualitative. Ceci est bien sûr une simple conséquence de la technologie à notre disposition. Si nous possédions des « réplicateurs » comme ceux utilisés couramment sur les vaisseaux spatiaux de Star Trek, nous pourrions dupliquer les négatifs et pellicules aussi aisément que nous copions des fichiers informatiques. Il ne s'agit donc pas d'une différence de principe entre les deux types de systèmes photographiques, mais seulement d'une différence pratique – toutefois, dans l'état actuel des technologiques photographiques, cette différence doit être prise en considération, ce qui aura son importance plus loin.

Les photographies : des universaux ?

Prenant en considération les deux conditions introduites ci-dessus, et puisque c'est uniquement à la fin du processus de production qu'il existe une photographie, il pourrait à présent sembler naturel d'affirmer que les photographies appartiennent à la catégorie ontologique des entités matérielles spatio-temporelles, puisqu'elles sont des tirages papier (papier

+ encre) ou des images sur un écran (des arrangement de cristaux liquides, par exemple). Ces entités peuvent être vues, commencent à exister et cessent d'exister de la manière dont tous les objets concrets le font, et elles permettent d'accommoder une grande partie de nos affirmations ordinaires à propos des photographies (« J'ai des photos de mes enfants dans mon portefeuille. »)

Ainsi, la catégorie ontologique d'objets concrets (matériels spatio-temporels) semble bien rendre compte de certains des traits centraux des photographies. Certains, mais pas tous : car, généralement, les photographies sont « répétables ». En effet, bien qu'il puisse arriver qu'il existe seulement un tirage (ou une seule image d'écran) d'une photographie, en général une photographie a un certain nombre de tirages. À ce stade, on pourrait alors suggérer que les photographies sont des *ensembles* ou des *agrégats* de tous leurs tirages, mais cela ne serait pas correct : premièrement, les *ensembles* sont des entités mathématiques et en tant que telles elles ne peuvent pas être visuellement perçues ; secondement, on peut détruire un ensemble ou un agrégat en détruisant un de ses membres ou une de ses parties, alors que la destruction d'un seul tirage ne détruit pas la photographie ; troisièmement[1], les ensembles ou agrégats sont individués par leurs membres ou parties et ne pourraient pas en avoir d'autres, alors qu'une photographie peut très bien avoir *plus* de tirages que ceux qu'elle a actuellement.

Il semble alors que, bien que la catégorie des entités concrètes soit en partie adéquate, elle ne permet pas de rendre

---

1. Comme l'a noté G. Rohrbaugh, « Artworks as Historical Individuals », *European Journal of Philosophy* 11(2), 2003.

compte du caractère répétable des photographies – c'est-à-dire, les photographies semblent pouvoir avoir des *instances multiples*, de la manière dont les *universaux* ont des instances multiples. Peut-être les photographies sont-elles donc des universaux [1] ?

La première distinction à faire est celle entre les universaux non-spatio-temporels (platoniciens) et les universaux spatio-temporels (immanents [2]). Si les photographies étaient des universaux platoniciens, il deviendrait impossible de rendre compte de ma seconde condition – de telles entités ne sont pas temporelles et donc ne commencent pas à exister et ne cessent pas d'exister, et je pense que c'est la raison principale pour laquelle les photographies ne peuvent pas appartenir à cette catégorie ontologique. De plus, si les photographies étaient des universaux platoniciens, il deviendrait alors également plus délicat de satisfaire la première condition : seules les *instances* des photographies pourraient être vues, mais pas les *photographies* elles-mêmes (je reviendrai sur ce point plus loin).

Ainsi, si les photographies sont des universaux, elles sont plutôt des universaux immanents spatio-temporels (dès maintenant, je vais simplement dire « universaux » en ayant cela à l'esprit). Une des idées centrales concernant la nature de ces

---

1. Cette suggestion est largement discutée, bien que ceux qui l'élaborent parlent plutôt de « types » que « d'universaux ». Voir N. Wolterstorff, « Toward an Ontology of Art Works », *Noûs* 9; J. Levinson, « What a Musical Work Is », art. cit. et, à propos du cas parallèle de morceaux de musique, « What a Musical Work Is, Again », art. cit. ; et P. Kivy, « Platonism in Music : A Kind of Defense », dans *The Worlds of Art and the World*, *Grazer Philosophische Studien* 19, 1983.

2. *Cf.* D.M. Armstrong, *Nominalism and Realism*, Cambridge, Cambridge UP, 1978.

universaux est qu'ils existent si et seulement s'ils ont une instance, ce qui est ici d'une importance capitale, car cela nous permet de dire qu'une photographie commence à exister lorsque son premier tirage est réalisé et cesse d'exister lorsque tous ses tirages sont détruits (mais, je vais revenir à cela dans un instant). Une telle conception des universaux rend également compte du fait qu'il y a un véritable sens dans lequel les photographies sont spatio-temporellement localisées de manière multiple, ce qui nous permet d'accommoder certaines affirmations du sens commun telles que « Dans mon salon j'ai accroché la même photographie que toi. » Les universaux immanents possèdent ainsi plusieurs des traits centraux qui sont nécessaires pour rendre compte de la nature métaphysique des photographies, le plus important étant la « répétabilité ». Je vais à présent examiner quatre objections à la thèse selon laquelle les photographies sont des universaux, et voir si elle peut y répondre.

Margolis objecte à cette thèse que, si elle était vraie, nous ne pourrions jamais voir une photographie, puisque nous ne pouvons pas voir des universaux [1]. Étant donné qu'il partage l'opinion que le fait de pouvoir être vu est une condition qu'une théorie sur la nature des photographies doit satisfaire, il propose alors de la rejeter. Une réaction à cette objection peut se trouver chez Kivy qui parle du cas de morceaux de musique qui sont, selon lui, également des universaux : il répond que, de manière générale, nous voyons un universel lorsque nous voyons une de ses instances [2]. Ainsi, nous pourrions, en suivant

---

1. J. Margolis, *Art and Philosophy*, New Jersey, Humanities Press, 1980, p. 29.

2. P. Kivy, « Platonism in Music : A Kind of Defense », art. cit., p. 110.

Kivy, affirmer que nous voyons les photographies, bien que nous ne voyons que leurs instances.

La réponse de Kivy me semble discutable, et inutilement forte, pour faire face au défi de Margolis, car, du moins *prima facie*, du point de vue phénoménologique, nous voyons des objets circulaires mais nous ne voyons pas la circularité. Il faudrait un argument fort pour montrer le contraire – un argument que Kivy ne fournit pas. Mais surtout, il n'est pas nécessaire d'endosser une telle affirmation trop forte. Tout défenseur de la théorie des universaux va en général volontiers, et avec raison, accepter qu'en effet nous ne voyons jamais la circularité elle-même, mais que nous voyons des choses circulaires, et que cela *suffit*. Pourquoi devrions-nous vouloir affirmer que nous devons voir la circularité pour pouvoir dire qu'elle existe et que son existence rend compte d'attributions de propriétés aux objets circulaires? Les amis des universaux ne se sentent en général pas obligés d'accepter cela, et lorsque nous appliquons cette attitude aux cas des photographies, nous pouvons aisément proposer la même chose : nous pouvons sans perte de contenu important modifier la première condition et dire que si les photographies sont des universaux, il n'est pas nécessaire d'exiger qu'elles doivent être visuellement perceptibles, on va seulement exiger que leurs instances le soient.

Une autre objection concerne l'individuation des photographies et celle des universaux. Si deux photographes prennent deux photographies qualitativement exactement similaires, celles-ci devraient compter tout de même comme deux photographies différentes, étant donné que leurs processus de production sont distincts. Mais il deviendrait alors difficile, selon la théorie des universaux, de rendre compte de cette distinction – les universaux sont individués par leur nature qualitative de telle manière que deux instances de circularité ou deux instances d'une certaine teinte de rouge sont par nécessité des instances du même universel.

Mais même si ce problème pouvait être évité, il resterait une objection encore plus forte. Nous avons vu qu'un avantage de la théorie des universaux immanents est qu'elle peut rendre compte du fait que les photographies commencent à exister et cessent d'exister. Mais ceci ne marche pas aussi bien que nous pourrions l'espérer. Supposez que je prenne une photographie en utilisant un système photographique numérique et que j'en réalise deux tirages – ainsi, il en existe deux instances. Supposez ensuite que je détruise les deux tirages en les brûlant. En faisant cela, ai-je fait cesser la photographie d'exister ? Si les photographies étaient des universaux dont les instances sont des entités visuellement percevables telles que des tirages, la réponse devrait être affirmative – mais, elle ne l'est pas, puisque des fichiers RAW et des fichiers images continuent d'exister, et à partir d'eux de nouveaux tirages peuvent aisément être produits (ceci nous rappelle l'aspect « dispositionel » des photographies que nous avons vu plus haut). Aussi longtemps qu'il demeure l'une de ces entités où la photographie se trouve dans une sorte d'état dispositionel, la photographie ne peut pas être dite véritablement détruite et avoir véritablement cessé d'exister – alors que l'universel, lui, a bien cessé d'exister par la destruction des tirages. Nous voyons alors ici que la thèse selon laquelle les photographies sont des universaux n'est pas adéquate. Pour éviter cette situation inconfortable, l'ami de cette thèse pourrait vouloir inclure les fichiers RAW, les fichiers image, les négatifs, ou les pellicules non-développées comme étant également des instances de la photographie, mais si cela était le cas, nous retomberions alors immédiatement sur le problème qu'il y a très peu de ressemblance et aucune identité qualitative entre des entités comme des tirages et des entités comme des fichiers RAW (et les autres), et il deviendrait vraiment difficile de défendre l'affirmation que ces entités qualitativement très différentes sont des instances du même universel.

De plus, la thèse universaliste soulève des difficultés même pour rendre compte du cas normal où seuls les tirages sont concernés, car même ceux-là ne sont jamais exactement qualitativement identiques, pour des raisons technologiques concernant l'imperfection d'imprimantes ou d'écrans d'ordinateurs, etc. Ainsi, même dans le cas le plus typique et normal, il n'est pas évident pour la thèse universaliste de rendre compte du fait que deux tirages sont des instances du même universel, puisqu'ils ne sont pas qualitativement identiques (et que parfois ils sont même qualitativement très différents !).

Dans ce qui précède, j'ai fait usage de ce que l'on pourrait appeler « le test de destruction ». Et en effet, je crois qu'il s'agit là d'une bonne méthodologie : lorsque l'on se demande ce qu'est une entité E, il est utile de regarder ce qui arrive à E lorsque des entités X, Y, Z sont détruites. Si E est par là détruite également, il sera possible de conclure qu'elle était identique à X, Y, Z, et si E n'est pas détruite alors elle est quelque chose de différent. Résumons maintenant où ce principe méthodologique nous conduit dans le cas de photographies, en considérant le cas standard d'une photographie prise par un système numérique ou traditionnel et où deux tirages ont été produits. Si l'un des tirages est détruit, la photographie n'est certainement pas détruite puisqu'un autre tirage persiste. Comme nous avons vu plus haut, si les deux tirages sont détruits, il reste un très bon sens (« dispositionel ») dans lequel la photographie n'a pas été détruite. Ainsi, il ne semble pas correct de dire qu'une photographie est «juste» un tirage, un ensemble ou agrégat de tirages, ou un universel dont les tirages seraient des instances. Il semble que les entités (négatifs, pellicules non-développées, fichiers RAW, fichiers images) où la photographie se trouve dans une sorte d'état dispositionel doivent d'une manière ou d'une autre jouer un rôle explicatif crucial en ce qui concerne le statut ontologique et la nature des photographies. Mais il est également vrai de ces entités que si *elles* étaient toutes détruites mais que des *tirages* persistaient, la photographie ne serait pas détruite non plus. Ainsi, ni les tirages, ni ces autres entités ne peuvent nous fournir un compte-rendu adéquat de ce que sont les photographies – il semble qu'un «morceau de chaque» est ici nécessaire, car si l'on veut réellement détruire une photographie, on doit détruire tous les tirages, *et* tous les négatifs, pellicules non-développées, fichiers RAW et fichiers image.

Quelle est la morale à tirer de cette considération? Une photographie est-elle une entité qui est d'une certaine manière faite de toutes ces entités de types très différents? Si cela était le cas, les photographies seraient des entités bien bizarres, dispositionelles et non-dispositionelles, visuellement perceptibles et non-perceptibles, répétables et non-répétables. Quelle position inconfortable pour un métaphysicien!

Une nouvelle catégorie ontologique?

La conclusion qu'il nous faut tirer des arguments ci-dessus est que les catégories ontologiques traditionnelles comme celles d'objets concrets, ensembles ou agrégats, entités mentales, universaux platoniciens, universaux immanents, ou même dispositions, sont telles qu'aucune d'elles ne peut de manière entièrement satisfaisante rendre compte du statut ontologique et de la nature des photographies. Les photographies semblent partager un peu de chaque catégorie (à part la catégorie des entités mentales et celle des universaux platoniciens), car chacune a quelque chose d'intéressant à dire, mais aucune n'est capable de tout nous dire sur la nature des photographies. Mais comment une telle situation doit-elle être traitée par le métaphysicien ? Devons-nous alors affirmer que les photographies sont des sortes d'entités trans-catégoriques ? Mais est-ce que dire ceci a même un sens ?

Une réaction possible et plausible face à une telle situation est de postuler l'existence d'une *nouvelle catégorie ontologique* qui aurait tous les traits dont nous aurions besoin pour rendre compte de la nature des photographies. Telle est la stratégie adoptée par Rohrbauch[1], et que Pouivet adopte en ce qui concerne les œuvres musicales rock[2].

Selon Rohrbauch les photographies sont des « continuants de haut niveau non-physiques qui entretiennent une relation de dépendance ontologique avec une série causalement connectée de particuliers physiques »[3], et selon Pouivet les œuvres musicales rock sont une « *nouveauté ontologique*, un nouveau type de choses dans le monde : les œuvres musicales en tant qu'artefacts-enregistrements, des constructions musicales qui n'existaient pas avant le milieu du XXe siècle »[4]. Je ne discuterai pas ici les détails de ces intéressantes théories, car je suis plutôt intéressé par leur stratégie générale. En effet, je crois qu'une telle manière de faire face à cette inconfortable situa-

---

1. G. Rohrbaugh, « Artworks as Historical Individuals », art. cit.

2. R. Pouivet, *Philosophie du rock*, *op. cit.*

3. G. Rohrbaugh, « Artworks as Historical Individuals », art. cit., p. 34-35.

4. R. Pouivet, *Philosophie du rock*, *op. cit.*, p. 118.

tion dans laquelle nous nous trouvons est méthodologiquement inadéquate – cela revient à postuler une nouvelle catégorie ontologique, c'est-à-dire une catégorie fondamentale de l'être, uniquement pour rendre compte de l'existence de quelque chose que des êtres humains ont produit de manière contingente et ceci me semble être une erreur. Postuler une catégorie ontologique est une affirmation à propos de la structure même de la réalité à son niveau le plus fondamental, alors que les photographies (ou les romans, ou le rock) ne sont en aucune manière des composants basiques et fondamentaux de la réalité. Ainsi, l'introduction d'une nouvelle catégorie ontologique uniquement dans le but de rendre compte de la nature des photographies me semble être méthodologiquement (méta-théoriquement) inadapté.

Sensible à ce souci de méthode, Rohrbauch défend sa stratégie (sa nouvelle catégorie ontologique) en essayant de montrer qu'elle peut servir une fin plus large que seulement la résolution du problème de la nature des photographies. En particulier, il affirme que sa nouvelle catégorie rend également ment très bien compte de «romans, compositions musicales, espèces animales, clubs, types d'artefacts, et mot des langues naturelles»[1].

S'il n'y avait aucune alternative, alors peut-être devrions-nous faire en effet adopter une telle attitude. Mais, seulement si nous n'avions aucune bonne alternative – et nous l'avons.

Les photographies n'existent pas

Je vais à présent défendre la thèse selon laquelle les photographies n'existent pas. De plus, je vais proposer qu'une

1. G. Rohrbaugh, « Artworks as Historical Individuals », art. cit., p. 35.

telle affirmation n'est *pas* contre-intuitive. Je vais ensuite comparer mon nihilisme à propos des photographies à un nihilisme plus général concernant les objets ordinaires comme des tables, tel que celui de Merricks ou de Heller [1].

L'idée simple derrière mon nihilisme à propos des photographies est que nous avons déjà tout ce qu'il nous faut, sans avoir à postuler l'existence de photographies en tant qu'entités *sui generis*. Nous avons des pellicules non-développées, nous avons des négatifs, nous avons des fichiers RAW, nous avons des fichiers image, nous avons des tirages, nous avons des images à l'écran, et ainsi de suite. Il est important de noter que toutes ces entités ont un statut ontologique clair (pour autant que n'importe quoi ait un statut ontologique clair) : ce sont des objets matériels concrets. Des problèmes métaphysiques apparaissent seulement lorsque nous voulons affirmer qu'*en plus* de toutes ces entités, il existe des *photographies*. Mais pourquoi devrions-nous sentir le besoin d'affirmer ceci ? Souvenez-vous des soucis avec mon client lorsqu'il voulait acheter l'une de mes photographies : il n'était pas très clair sur ce qu'il voulait réellement acheter (tirage, négatif, fichier, droit d'utilisation … ?) mais il était clair qu'il voulait acheter l'une ou l'autre de ces entités non-problématiques, et nous avons ainsi pu facilement résoudre notre souci. À aucun moment dans

1. T. Merricks, *Objects and Persons*, Oxford, Clarendon Press, 2001 ; M. Heller, *The Ontology of Physical Objects : Four-Dimensional Hunks of Matter*, Cambridge, Cambridge UP, 1990. D'autres variantes du nihilisme sont défendues par P. Van Inwagen, *Material Beings*, Ithaca, Cornell UP, 1990 ou P. Unger, « There are no Ordinary Things », *Synthese* 41:2, 1979. R. Cameron, « There are no Things that are Musical Works », *British Journal of Aesthetics* 48:3, 2008, défend également un thèse similaire à propos des compositions musicales.

notre manière ordinaire de comprendre ce qu'est une photographie, nous ne sentons le besoin de faire appel à une entité différente que l'un des objets concrets susmentionnés. Ainsi, notre concept de photographie survient sur nos concepts d'autres entités métaphysiquement non-problématiques. Ma suggestion est que, en tant que métaphysiciens, nous suivions cette compréhension ordinaire de la nature des photographies. En tant que métaphysiciens, tout comme en tant que photographes et clients, nous *avons* toutes les entités qu'il nous faut, et nous *n'avons pas* besoin de postuler l'existence d'entités d'une nouvelle catégorie ontologique.

Le langage ordinaire, mais aussi le langage théorique, en ce qui concerne les photographies peut être très aisément paraphrasé et compris comme étant à propos de l'une ou de plusieurs de ces entités disponibles. Notamment, l'attribution de propriétés esthétiques aux photographies (dont l'existence est supposée) ne pose pas de problème : si je veux dire qu'une photographie est belle, je ne suis pas en train d'attribuer une propriété esthétique à un négatif, à une pellicule non-développée, ou à un fichier – je suis en train de l'attribuer à certains objets visuellement percevables tels que des tirages ou des images sur un écran. C'est exprès que dans la phrase précédente j'ai parlé de « certains » objets au pluriel, car en effet lorsque nous débattons de la beauté d'une photographie, nous pouvons souvent apprécier qu'un tirage est meilleur qu'un autre ou qu'une image à l'écran est meilleure qu'une autre (sur un écran moins bien calibré, par exemple). Ainsi, l'attribution de propriétés esthétiques requiert seulement l'existence de ces entités visuellement percevables, et ce sont souvent des attributions concernant l'*une* de ces entités. Elles peuvent, bien sûr, être également des attributions concernant un certain nombre de tirages ou même tous les tirages existants d'une photographie (c'est-à-dire tous les tirages qui sont le résultat d'un processus de production qui contient la même pellicule non-développée ou le même fichier RAW). Linguistiquement, de telles attributions fonctionnent alors exactement comme des attributions plurielles bien connues telles que « L'équipage de l'*Enterprise* est intelligent ».

Contrairement à ce qui peut sembler, mon nihilisme ne me force pas à rejeter les deux *desiderata*[1]. Bien entendu, si les photographies n'existent pas, elles ne peuvent pas être vues et elles ne peuvent pas commencer à exister ni cesser d'exister. Mais comme nous venons de le voir, l'idée principale derrière mon affirmation nihiliste est que pour tout but pratique ou théorique, nous avons toutes les entités qu'il nous faut : des tirages peuvent être vus, des images sur un écran peuvent être vues, et toutes les entités impliquées dans le processus de production de ces tirages et images sont telles qu'elles commencent à exister et cessent d'exister – ainsi, les deux desiderata peuvent aisément être compris comme concernant la nature de *ces* entités, qui (de manière singulière ou plurielle) jouent le rôle de photographies, pour tous nos besoins pratiques ou théoriques. Étant donné mon nihilisme, à *strictement* parler, les deux desiderata doivent bien entendu être rejetés puisque les photographies n'existent pas, mais la motivation derrière ces desiderata et l'idée principale qu'ils défendent reste préservée.

Il pourrait sembler qu'une contradiction se soit glissée ici au niveau linguistique : d'un côté, j'affirme qu'il est *faux* que les photographies existent, et de l'autre côté j'accepte la *vérité* d'énoncés tels que « Il y a une belle photographie accrochée

---

1. *Cf.* p. 45-46.

sur le mur de mon salon ». De tels énoncés existentiels *semblent* être incompatibles – mais ils ne le sont pas car ils ne sont pas prononcés dans le même langage. En effet, le premier est prononcé « en métaphysicien » – où « le métaphysicien » est un langage fondamental utilisé par le métaphysicien qui reconnaît qu'à strictement parler il n'y a pas d'entités telles que des photographies. Le second énoncé est prononcé en français ordinaire où il peut être affirmé de manière non-problématique qu'il y a une photographie accrochée sur le mur. Pour mieux comprendre la relation entre ces deux langages, examinons brièvement à présent une forme de nihilisme plus générale.

Mon nihilisme à propos des photographies est parallèle (mais n'implique pas et ne nécessite pas) à un nihilisme général à propos d'objets matériels ordinaires. Une telle théorie généralisée affirme non seulement que nous n'avons pas besoin de postuler l'existence de photographies en tant qu'entités *sui generis*, mais également que nous n'avons pas même besoin de postuler l'existence de négatifs, tirages, fichiers… ni même d'ordinateurs, d'appareils photographiques, de tables, etc. Une défense récente et particulièrement bien développée d'une telle forme de nihilisme se trouve chez Merricks[1]. L'idée commune aux deux stratégies éliminativistes à propos de photographies d'une part, et, par exemple de tables d'autre part, est que sans avoir à postuler l'existence de ces entités, nous avons déjà tout ce qu'il nous faut pour rendre compte de tous les phénomènes qui ont besoin d'être expliqués : nous n'avons pas besoin de photographies car nous avons des tirages, des négatifs, des fichiers, etc, et nous n'avons pas besoin de tables parce que nous avons, comme le dit Merricks,

---

1. T. Merricks, *Objects and Persons, op. cit.*

des « *atomes*[1] *arrangés tablement* ». Étant donné que je suis en ce moment assis à mon bureau, il me semble voir une table dans mon champs visuel. Mais, selon la théorie de Merricks, mon expérience visuelle serait exactement la même qu'il y ait une table devant moi ou qu'il y ait « seulement » un arrangement d'atomes en forme « tablesque ». L'expérience visuelle que j'ai est causée par la lumière réfléchie par les atomes et cette réflexion serait exactement la même s'il y avait une table. L'idée ici est que nos expériences sensorielles peuvent être expliquées en termes d'entités fondamentales qui existent, et qu'il n'y a pas besoin de postuler l'existence d'entités supplémentaires (des tables). Dans le cas de photographies, l'affirmation analogue (mais seulement analogue) est que le desideratum que les photographies peuvent être vues peut être satisfait en acceptant que nos expériences visuelles de photographies peuvent être expliquées en termes de tirages ou d'images à l'écran, c'est-à-dire, en termes d'entités d'une catégorie ontologique connue, et il n'y a donc ici nul besoin de postuler l'existence d'entités supplémentaires et d'une catégorie ontologique supplémentaire. S'il existait des photographies, nos expériences seraient exactement les mêmes que les expériences que nous avons actuellement de tirages. S'il existait des tables, selon Merricks, nos expériences visuelles seraient exactement les mêmes que les expériences que nous avons actuellement d'atomes arrangés tablement.

Je ne souhaite pas ici *défendre* un nihilisme général, c'est pourquoi je vais à présent seulement mentionner, mais pas

---

1. Merricks n'a pas ici à l'esprit les atomes de Bohr, ni les atomes de Démocrite ; plutôt il veut dire quelque chose comme « particules fondamentales » quelles qu'elles soient. Les atomes sont « arrangés tablement » si et seulement si, s'il y avait des tables, alors ils composeraient une table.

défendre, quelques points qui rendent cette théorie intuitivement plus acceptable. Premièrement, nous venons juste de voir que ce nihilisme ne nous force pas à abandonner nos expériences ordinaires du monde, et qu'il est pleinement compatible avec celles-ci. Deuxièmement, comme nous l'avons vu ci-dessus dans le cas des photographies, cette théorie ne nous oblige pas non plus à abandonner le langage ordinaire, car par exemple, le mot « table » dénote une pluralité d'entités (une pluralité d'atomes) dans le même sens que « l'équipage de l'*Enterprise* » dénote une pluralité d'entités, plutôt qu'une entité singulière composée des membres de l'équipage. La phrase « Il n'y a pas de tables » est alors vraie lorsqu'il s'agit d'une phrase prononcée en métaphysicien, mais ceci est compatible avec le fait que la phrase « Il y a une table dans mon bureau » est vraie puisqu'il s'agit là d'une phrase en français ordinaire. En métaphysicien, il est *vrai* qu'il y a des atomes arrangés tablement dans mon bureau (c'est-à-dire, dans des atomes arrangés bureaument), et c'est tout ce qui est requis pour que la phrase du français ordinaire « Il y a une table dans mon bureau » soit vraie. L'on peut voir cela comme étant simplement une *convention* du langage ordinaire que lorsqu'il y a des atomes arrangés tablement, il est vrai dans le langage ordinaire (mais pas en métaphysicien) qu'il y a une table.

Je n'ai pas défendu, ni affirmé la nécessité d'accepter, un nihilisme général. J'ai uniquement évoqué rapidement certains parallèles entre une telle théorie et mon affirmation bien plus modeste qui se restreint uniquement aux cas des photographies. Le cœur de ma thèse, si elle avait besoin d'un slogan, peut être exprimé ainsi : les photographies n'existent pas parce que nous n'en avons pas besoin. Derrière ce slogan se cache le principe méta-ontologique d'économie et de simplicité :

postulons seulement l'existence d'entités lorsque c'est absolument nécessaire. Ce principe a, je crois, d'autant plus de force ici qu'il s'applique non seulement à des entités mais à des catégories d'entités et devient alors : postulons l'existence de catégories ontologiques fondamentales (qui décrivent la structure de la réalité à son niveau le plus fondamental) seulement lorsque c'est absolument nécessaire. Dire que cela est nécessaire à cause du cas des photographies est bien plus choquant que d'accepter le nihilisme. Par conséquent, à moins qu'il puisse être montré que l'on peut rendre compte de la nature des photographies en termes de catégories ontologiques véritablement fondamentales, je suggère que nous nous portons bien mieux sans elles.

TEXTES ET COMMENTAIRES

TEXTE 1

NoËL CARROLL
The Philosophy of Motion Pictures[*]

Les séquences cinématographiques sont composées de prises de vue qui offrent des points de vue différents, que ce soit au moyen d'un montage de plans faits à partir de diverses positions de la caméra ou au moyen de mouvements de la caméra qui changent notre perspective sur l'action, ou au travers d'ajustements de lentilles de l'objectif de la caméra qui ont des conséquences fonctionnelles équivalentes. Au moyen de telles séquences, les créateurs de films communiquent des actions, des événements, et des états de choses aussi bien que les attitudes et opinions qu'ils ont par rapport à ce qu'ils dépeignent. Mais comment la communication est-elle possible au moyen de tels arrangements disparates de prises de vue?

Nous avons déjà rencontré une réponse possible à cette question. Il s'agit peut-être d'une des premières théorisations sur ce sujet, rendue populaire par la Soviet Montage School,

[*] Noël Carroll, *The Philosophy of Motion Pictures*, Malden, Blackwell Publishing Limited, 2008, chap. 5, p. 117-122, traduction J. Benovsky.

sur la théorie du film. V.I. Pudovkin a déclaré : « Le montage est le langage du réalisateur. Tout comme d'une langue parlée, on pourrait dire du montage : il y a un mot : un morceau exposé de pellicule, l'image ; une phrase – la combinaison de ces pièces. » Appelons cela « l'hypothèse du langage du film ». Cette hypothèse est-elle plausible ?

Les défenseurs de cette hypothèse sont sous l'impression de certaines analogies très générales entre des phrases d'un côté et des séquences cinématographiques de l'autre côté. Une phrase est composée mot par mot, et la combinaison de ces unités signifiantes résulte alors en un complexe signifiant plus grand. De manière similaire, une séquence de prises de vue est composée de plans porteurs de sens de façon indépendante qui, lorsqu'ils sont combinés, donnent lieu à des signifiants plus larges : le plan d'un homme, suivi par le plan d'un pistolet en train de tirer, suivi d'un plan de l'homme en train de tomber communique le récit que l'homme a été tué par balle. Bien sûr, l'histoire aurait également pu être racontée en déplaçant la caméra de l'homme vers le pistolet et de nouveau vers l'homme, ou en zoomant d'une manière comparable entre ces deux points de vue. Ainsi, il apparaît que des phrases et des séquences cinématographiques communiquent – c'est-à-dire font sens – en combinant des segments signifiants plus petits en des segments plus grands.

Les phrases ont un sens en vertu du fait d'être construites, à travers des opérations récursives, d'unités signifiantes plus petites comme des noms ou des verbes. Cette caractéristique des phrases est appelée la compositionnalité. La signification linguistique repose sur la syntaxe, un ensemble de règles de composition de touts signifiants, c'est-à-dire de phrases, à partir de mots. Un langage a un vocabulaire fini de symboles arbitraires qui peuvent, en principe, être organisés par des opérations grammaticales récursives en un nombre infini de phrases.

Mais des prises de vue cinématographiques, sauf dans des conditions extraordinaires (par exemple, des prises incluant des panneaux dans la rue) se comportent rarement comme des mots. Des prises de vue peuvent être signifiantes, mais elles ne sont typiquement rien de tel que des mots. Il n'y a pas de vocabulaire du cinéma ; pas de dictionnaire fini d'images en mouvement. Il y a autant d'unités d'images en mouvement qu'il y a de choses et de combinaisons de celles-ci qui peuvent être filmées à partir d'un nombre indéfiniment grand de positions de la caméra.

Le nez d'une femme dans une prise de vue est très différent du mot « nez » dans une phrase, car le mot « nez » entretient une relation arbitraire avec son référent, alors que le nez de la femme dans le film a une relation naturelle à son référent. De plus, l'image du nez de la femme n'est pas décomposable en parties plus petites de la manière dont l'expression « le nez de la femme » peut être décomposé en « le », « nez », « de », « la », « femme ». Toutes les parties de l'image forment un morceau entier, pour parler ainsi ; ce ne sont pas des particules atomiques d'un tout signifiant formé récursivement, comme une phrase. Ainsi, une prise de vue signifiante n'est pas construite ou composée à la manière de phrases. Une prise de vue n'est pas une unité minimale de sens de la même manière que l'est un mot, et de plus, pour la même raison, des enchaînements de prises de vue ne sont pas construits à la manière de phrases. Il n'y a pas d'unités minimales signifiantes comparables dans le cas de séquences d'images, et donc les séquences cinématographiques ne sont pas analogues aux phrases.

Les prises de vue, que ce soit en combinaisons ou de façon isolée, ne sont pas correctement comparables aux mots. En conséquence, les films ne sont pas des constructions à partir de matériaux discrets qui rendent possible la communication linguistique. Même si le cinéma avait le type de règles récursives que possède le langage, les films standards n'auraient rien sur quoi de telles règles pourraient opérer, puisqu'ils manquent de quelque chose comme des mots. Les films, contrairement à ce que dit Pudovkin, n'ont pas leur propre sémantique – pas d'unités minimales signifiantes discrètes et arbitraires – qu'une syntaxe pourrait organiser. Il n'y a pas de vocabulaire du film. [...]

Lorsque nous sommes confrontés à une séquence montée dans un film – disons, un plan d'un homme en train de marcher, suivie d'un plan d'un autre homme en train de marcher – nous inférons le sens de cet enchaînement de plans sur la base de ce qui fait sens étant donné le contexte (qui est généralement narratif). Si nous savons, étant donné le reste du récit, que les deux personnages se trouvent dans des pays différents, nous inférons qu'ils sont tous les deux en train de faire leur promenade approximativement à la même heure de la journée. Mais si nous savons qu'ils doivent se rendre à une confrontation dans les rues de Dodge City, nous allons alors inférer qu'ils se trouvent probablement dans les mêmes lieux, marchant l'un vers l'autre. Il se pourrait que les deux enchaînements de prises de vue soient identiques, mais nous allons en inférer des sens différents selon ce qu'est la meilleure manière de rendre cet enchaînement cohérent avec tout le reste que nous savons à propos de cette fiction.

Mais, il faut bien souligner que nous n'avons aucune règle à laquelle nous pourrions faire appel dans des cas comme celui-ci. Nous dépendons plutôt d'interprétations holistiques d'enchaînements de plans dans un contexte ; nous ne *lisons* pas la séquence cinématographique. La notion de « lire un film» est au mieux une métaphore, et de plus il s'agit d'une métaphore trompeuse.

Nous traitons le flux de l'information qui nous est délivré par une séquence cinématographique au moyen de séries d'hypothèses en vue de la meilleure explication où notre préoccupation première est celle de la cohérence. Ceci implique quelque chose de bien différent que l'exercice de facultés rudimentaires de lecture. Ainsi, c'est une sorte d'inférence plutôt que quelque chose qui ressemblerait à de la lecture qui sous-tend la formation de séquences cinématographiques, et en particulier le montage; les séquences cinématographiques ne semblent pas être linguistiques. Ainsi, une fois de plus, l'hypothèse du langage du film vaut mieux d'être rejetée.

Mais si les séquences cinématographiques ne communiquent pas à la manière d'un langage, comment le font-elles? Une hypothèse alternative est qu'elles le font en pratiquant ce que l'on pourrait appeler «la gestion de l'attention». Les créateurs de films communiquent avec les spectateurs en contrôlant leur attention. Au moyen de séquences cinématographiques, les créateurs de films sélectionnent ce que le spectateur voit tout comme l'ordre dans lequel il le voit et la durée pendant laquelle il le voit ainsi que l'échelle. Le créateur du film communique ses propres intentions à l'audience en guidant son attention. Nous voyons ce que le créateur nous montre, depuis l'angle qu'il a choisi, à la taille qu'il a choisie, pendant aussi longtemps qu'il a choisi. Ensuite, nous situons tous ces détails ensemble dans le récit (ou argument, etc.) que nous avons été invités à construire jusqu'ici à partir de ce qui nous a été montré.

Le créateur du film détermine l'objet, l'acuité, et la cadence de notre attention tout comme sa place précise dans la succession d'images. Le créateur du film détient notre attention et la façonne en contrôlant les objets soumis à notre perception en plus de l'ordre, échelle, et vitesse à laquelle nous les suivons. Le changement constant de positions de la caméra attire notre attention sur ce qui se passe à l'écran étant donné que notre système perceptuel est attiré par le changement et le mouvement. Et une fois que notre attention est capturée par la succession de prises de vue alternatives de la situation, elle est ensuite guidée au travers de celle-ci d'une manière hautement délibérée.

Le créateur du film communique avec nous au moyen des facteurs susmentionnés – tels que l'échelle ou la durée de la prise de vue – dont les modulations nous disent non seulement ce qui est important d'être vu, mais aussi elles font cela dans un ordre qui attire contextuellement notre attention sur la signification et la relevance de ce que nous voyons dans la configuration émergente, qu'il s'agisse d'une configuration narrative, argumentative ou autre. Ainsi, à un niveau très fondamental de communication cinématographique le créateur du film articule ses intentions en dirigeant et façonnant notre attention lorsqu'il crée une séquence cinématographique – en nous montrant ceci plutôt que cela, dans un certain ordre, et à une certaine vitesse et échelle.

COMMENTAIRE

LA NARRATION PHOTOGRAPHIQUE

Le cinéma, il n'y a pas de doute, est avant tout un art narratif qui permet au réalisateur de communiquer avec son public. Qu'en est-il des photographies? Les photographies permettent-elles également de « raconter une histoire » en plus d'être des images qui dépeignent ou représentent le monde? Les photographies sont-elles narratives? Si oui, de quelle manière accomplissent-elles ce type de communication?

Nous avons déjà rencontré au début de ce livre un cas de deux photographies qui illustre *a priori* bien la capacité des images photographiques à communiquer un contenu narratif – une histoire. En effet, souvenez-vous des deux photographies de jeunes mariés[1]: les deux images dépeignent presque le même sujet qui n'a que peu changé entre les deux prises et pourtant, chacune d'elles raconte une histoire bien différente: la première nous parle de l'amour et de la complicité entre deux personnes en laissant montrer qu'il s'agit d'une scène de mariage mais sans en faire le point central, contrairement à la

---

1. *Cf.* p. 11 et 12.

seconde qui met l'idée du mariage au premier plan, et repousse les deux personnes au second rôle.

De quelle manière la narration fonctionne-t-elle ici ? Dans le cas du cinéma, Carroll s'oppose, à juste titre, à la tentation d'interpréter trop littéralement la métaphore du « langage du film » et il nous convainc que la manière dont les créateurs de films communiquent n'est pas identique ni même à strictement parler analogue à la communication linguistique. Il en est de même pour le « langage de la photographie » car là non plus il n'y a pas d'équivalents de mots – noms, verbes, etc. – qui seraient combinés pour former des messages signifiants composés à partir de ceux-ci, en faisant usage de règles sémantiques et syntaxiques.

L'idée de Carroll, en ce qui concerne le cinéma, repose sur la notion de « *gestion de l'attention* » du spectateur : le réalisateur capte l'attention de son public, et la dirige et la façonne constamment pour emmener le spectateur regarder ce qu'il a envie de lui montrer et de la manière dont il a envie de le lui montrer. C'est donc en exploitant nos facultés perceptuelles naturelles et en les dirigeant que le réalisateur, en nous « forçant » à percevoir la réalité dépeinte dans le film de la manière dont il le décide, nous « force » à comprendre le message qu'il souhaite nous transmettre. Dans ce but, comme nous l'explique Carroll, le réalisateur peut utiliser l'un des outils suivants, mis en œuvre soit lors de la prise de vue, soit au montage :

– décider l'*ordre* dans lequel on voit les choses ;
– décider la *durée* pendant laquelle on les voit ;
– décider leur *taille* (*échelle*).

Qu'en est-il de la photographie ? Si nous acceptons la critique de Carroll en ce qui concerne le caractère littéralement linguistique de la communication photographique, allons-nous alors accepter la thèse de la « gestion de l'attention »? Et si nous faisons cela, comment allons-nous expliquer de quelle manière cette gestion opère dans le cas des photographies? – en effet, il n'y a guère que le troisième des moyens techniques cinématographiques listés par Carroll qui pourrait *a priori* s'appliquer également au cas des photographies, les deux premiers étant spécifiques et possibles uniquement dans le cas d'une séquence d'images étendue dans le temps. Existe-t-il dans le cas de la photographie des techniques narratives équivalentes à l'élaboration des séquences d'images cinématographiques? Une seule image unique et statique, telle une photographie, peut-elle faire le travail d'une *séquence* d'un grand nombre d'images qui, souvent, dépeignent de manière directe un mouvement ou une action pour raconter une histoire? La réponse, aucunement surprenante pour un photographe, est: oui, bien sûr.

Dans ce qui suit, je vais aborder quelques techniques photographiques et montrer de quelle manière elles peuvent être utilisées pour mettre en œuvre la gestion de l'attention du spectateur de l'image, et je vais ainsi montrer que, parallèlement au cas du cinéma mais avec des moyens différents, les photographes communiquent avec leur public en racontant une histoire avec leurs photographies grâce aux techniques de gestion de l'attention – ou gestion du *regard* – des spectateurs. Nous allons également voir comment ces techniques photographiques provoquent une expérience *temporellement étendue* et *temporellement ordonnée* de l'image photographique qui est pourtant, contrairement au cinéma, une image figée, « instantanée », et statique.

Les techniques narratives du photographe

Les spécialistes de la publicité connaissent très bien le phénomène de gestion et direction du regard du spectateur d'une image, qu'elle soit photographique ou autre. En effet, grâce à des technologies d'analyse sophistiquées qui permettent de suivre les mouvements de l'œil du spectateur, les publicitaires ont littéralement la possibilité de voir à quel endroit et pendant combien de temps le regard de l'observateur de l'image se pose – pour exploiter ensuite ces résultats à des fins commerciales (faire en sorte, par exemple, que les regards des passants qui observent une affiche dans la rue s'attardent surtout sur le logo de la marque, etc.).

Les photographes, quant à eux, disposent d'une panoplie de moyens photographiques pour diriger le regard du spectateur de leurs images, dans un but différent, bien entendu. Il s'agit notamment de faire :

– le choix de la *profondeur de champs* ;
– le choix de l'*exposition* du sujet comparativement à l'arrière-plan ;
– le choix de la *composition* (règle des tiers, par exemple) ;
– le choix de la *taille/échelle/agrandissement* du sujet.

Ces différents choix délibérés du photographe vont alors permettre de créer une image photographique de telle manière que le regard du spectateur de l'image va, naturellement et automatiquement, se diriger *d'abord* sur telle partie de l'image, *ensuite* sur telle autre, et ainsi de suite. Ces outils vont également donner de l'importance à certains éléments de l'image et au contraire minimiser l'impact perceptuel d'autres. Ainsi, grâce à ces techniques, le photographe va pouvoir créer une image qui va être perçue de manière *séquentielle* et *temporellement étendue et ordonnée* (l'on voit *d'abord* ceci, *ensuite* cela)

– un peu à la manière du réalisateur de séquences cinématographiques. Pour voir comment le photographe peut ici opérer,
considérons la photographie d'une coccinelle ci-dessous :

Photographie 7
http://www.benovsky.com/illustration2/

Chacune des quatre techniques susmentionnées a ici été employée pour produire l'effet souhaité. Commençons avec la *profondeur de champs*. En simplifiant un peu, on appelle « profondeur de champs » l'épaisseur de la zone de netteté sur l'image : la portion de la réalité qui va être dépeinte de manière nette sur la photographie. Le photographe possède un certain nombre d'outils techniques qui lui permettent de décider soit à la prise de vue, soit en post-production, l'épaisseur de cette zone de netteté de même que la quantité et la qualité du flou (il s'agit notamment de l'ouverture, la focale, la taille de la pellicule ou du capteur numérique, la distance de travail, ainsi que de nombreux outils de post-production numériques). Dans le cas de la photographie de la coccinelle, cette zone de netteté inclut la coccinelle elle-même ainsi qu'une partie de la feuille sur laquelle elle se trouve, ce qui, dans le cas présent, crée une sorte de « sentier » net au milieu d'une feuille floue. Le photographe incite ainsi le spectateur de son image non seulement à contempler une photographie de coccinelle, mais également à suivre du regard le « chemin » tracé par la zone de netteté, ce qui permet immédiatement d'imaginer la coccinelle elle-même suivre ce chemin et se promener sur la feuille. Nous obtenons ainsi bien plus qu'une image de l'insecte : nous créons ici une histoire, celle d'une coccinelle en train de se promener sur une feuille. En réalité, lorsque j'avais réalisé cette photographie, la coccinelle ne bougeait pas du tout et lorsque j'ai terminé la prise de vue elle a fait demi-tour et est partie ailleurs – or, le choix d'une courte profondeur de champs (zone de netteté étroite), ainsi que d'autres éléments que nous verrons ci-dessous, permet ici de raconter l'histoire fictive de la promenade de la coccinelle qui suit le chemin qui lui est tracé par le photographe.

Suivons le regard de l'observateur de cette photographie : *d'abord*, il va se poser sur la coccinelle, *ensuite* il va suivre le « chemin » tracé par le choix d'une courte profondeur de champs, pour *ensuite* revenir sur la coccinelle, et ainsi de suite jusqu'à la fin de l'observation de l'image. La perception de cette photographie va alors s'opérer dans le temps et de manière séquentielle, où la séquence (et l'ordre de celle-ci) a été soigneusement choisie par le photographe. Le photographe, comme le réalisateur de cinéma, « force » le regard de l'observateur à parcourir un chemin bien déterminé sur l'image, et le « force » ainsi à comprendre le message, le récit, qu'il souhaite lui transmettre : celui d'une coccinelle se promenant sur la feuille, traversant une « colline », etc. Le contenu narratif de l'image aurait été bien différent si, par exemple, la profondeur de champs avait été beaucoup plus étendue et que *toute* l'image avait été nette : sans le « chemin de netteté » tracé devant la coccinelle, l'histoire racontée par cette photographie aurait été bien différente, et dans le cas présent bien plus difficile à interpréter pour le spectateur.

Le phénomène exploité ici par le photographe est la disposition naturelle de notre système perceptuel à regarder d'abord ce qui est net et ensuite ce qui est flou, probablement parce que ce qui est net est davantage porteur d'information que le flou. Exploitant cette disposition perceptuelle naturelle, le photographe adopte ici une courte profondeur de champs et dirige de manière efficace le regard du spectateur de l'image, comme s'il lui disait « regarde ici ! » et ensuite « regarde là ! ». En adoptant cette technique, le photographe ne donne pas vraiment le choix à l'observateur de regarder son image autrement, car c'est bien tout naturellement que le système perceptuel de n'importe quel spectateur normal va le pousser à regarder d'abord ce qui est net, et ensuite seulement ce qui est flou – ou même, parfois, à ne pas regarder ce qui est flou du tout.

Cet effet est également renforcé par plusieurs des autres outils mentionnés ci-dessus mis en œuvre par le photographe. La *composition*, par exemple, joue ici également un rôle central : le respect de la « règle des tiers » permet au regard du spectateur de suivre le chemin qui lui est tracé par le photographe. La règle des tiers est une règle classique en photographie qui propose de mentalement découper l'image avec deux lignes imaginaires verticales et deux lignes imaginaires horizontales en tiers (verticalement, et horizontalement). Cela crée quatre points d'intersection entre les quatre lignes, et la règle des tiers dit alors qu'il faut placer le sujet central de la photographie sur l'un de ces points, ou éventuellement sur l'une des lignes. Le placement de la coccinelle sur l'image illustre bien l'application de cette règle – et c'est une chose importante, car si par exemple la coccinelle avait été placée au centre le l'image, il n'y aurait pas eu assez de « dégagement » devant elle pour que tout naturellement le spectateur de la photographie s'imagine qu'elle va avancer, se promener, en allant vers la gauche. De plus, un placement central de la coccinelle aurait également créé un espace à sa droite, qui serait vide de sens en ce qui concerne le récit que cette photographie souhaite raconter.

Grâce à la combinaison du choix d'une courte profondeur de champs, et d'un cadrage qui offre une composition respectueuse de la règle des tiers, le photographe permet ainsi également que la perception de son image soit *dynamique* – c'est-à-dire que, comme nous l'avons vu ci-dessus, le regard de l'observateur va bouger et parcourir un chemin, souvent en boucle, sur la photographie. Cela est non seulement important en ce qui concerne la fonction narrative de l'image, mais cela donne également lieu à une photographie plus agréable à regarder. Essayez de regarder un objet qui se trouve devant vous et essayez de le regarder sans que vos yeux bougent, c'est-à-dire de fixer de manière statique l'objet ou une partie de l'objet. Pour la plupart des personnes, il s'agit d'une expérience peu confortable, et parfois même difficile à réaliser. La raison en est simplement que notre perception normale du monde et des objets dans le monde est une perception *en mouvement* (dynamique). Le plus souvent du simple mouvement de l'œil, mais bien sûr également en bougeant notre corps, nous « tournons autour » de l'objet que nous regardons, nous le parcourons du regard. Une photographie qui permet au regard de l'observateur de « se promener » ainsi sur l'image, permet alors d'en avoir une perception plus naturelle, et donc plus agréable, qu'une image qui ne proposerait pas cette possibilité et qui pousserait au contraire le regard de l'observateur à se fixer sans bouger sur un endroit de l'image – tel serait le cas par exemple, si au lieu de choisir de respecter la règle des tiers, on avait réalisé un cadrage où la coccinelle se retrouverait au milieu de l'image.

Nous avons vu qu'une bonne composition associée à un choix judicieux et au bon placement de la profondeur de champs permettent au photographe de diriger efficacement le regard de l'observateur, provoquant ainsi une perception d'une part plus agréable et d'autre part séquentielle et narrative de l'image. Mais les fonctions du cadrage et de la composition en ce qui concerne l'aspect narratif d'une photographie sont plus nombreuses – par exemple, l'une des fonctions principales de tout cadrage est de rendre impossible l'accès perceptuel pour l'observateur à ce qui se trouve hors-champs. Typiquement, le photographe peut ainsi éviter des éléments distrayants qui perturberaient la perception de son image, mais parfois, bien au contraire, ce qui est absent et se trouve, invisible, hors-cadre, peut jouer un rôle important dans le récit raconté par la photographie – par exemple si un personnage photographié regarde avec horreur ou avec surprise quelque chose qui se trouve hors-champ, et qui de ce fait joue un rôle narratif central. C'est l'imagination de l'observateur qui vient ici alors compléter les fonctions narratives de la photographie elle-même.

De même que la composition et le cadrage, ainsi que le choix de la profondeur de champs, le choix de l'*exposition* et celui de l'*agrandissement* du sujet jouent un rôle important en ce qui concerne la gestion et la direction du regard de l'observateur d'une photographie. En effet, tout comme le système perceptuel visuel d'un observateur humain normal est d'abord attiré par ce qui est net avant de regarder ce qui est flou, il est également attiré par ce qui est *clair* et par ce qui est *grand*. Le second cas est assez évident : si le sujet est grand sur l'image, voire agrandi, comme c'est le cas de la macrophotographie de la coccinelle, et qu'il occupe donc une place importante sur la surface totale de la photographie, il sera parfaitement naturel pour l'observateur de le regarder *en premier*, *avant* que son regard n'explore d'autres parties de l'image – le sujet vient alors se placer en premier dans la séquence perceptuelle de la photographie. Ici aussi, comme nous l'avons vu dans le cas de la profondeur de champs, la taille du sujet relativement à l'arrière-plan ou à d'autres objets inclus dans le cadrage « force » l'observateur à le regarder en premier, et il serait pratiquement impossible, dans toute situation normale, que celui-ci puisse regarder autre chose que le sujet en premier lieu.

L'exposition correcte du sujet vient alors compléter de manière importante cette fonction car de même que l'on regarde d'abord ce qui est net et ce qui est grand, on est aussi souvent attiré à regarder en premier ce qui est clair. Il s'agit là d'une « règle » moins stricte, car il y a de nombreux cas de photographies où le sujet est plus foncé que l'arrière-plan sans que cela gêne la perception correcte de l'image et la gestion du regard de l'observateur pour le photographe, mais on voit bien qu'elle joue un rôle important surtout lorsque des parties secondaires (du point de vue narratif) de la photographies sont *surexposées*. Une zone surexposée, donc très claire, voir blanche, sur une image – par exemple, un morceau de ciel surexposé – risque bien d'attirer le regard de l'observateur à cause de sa clarté plus grande relativement au reste de la photo-graphie, détournant ainsi le regard et l'attention du chemin que le photographe aurait souhaité imposer au spectateur de son image. Une exposition correcte du sujet comparativement à l'arrière-plan est donc cruciale en ce qui concerne la gestion de l'attention et du regard.

Pour terminer, examinons à présent brièvement un cas particulier de photographies avec une composition un peu spéciale – les n-iptyques. Observons l'image suivante :

Photographie 8
http://www.benovsky.com/illustration3/

Ce type de triptyques, et de n-iptyques de manière générale, sont composés d'un certain nombre de photographies différentes qui toutes contribuent à former une seule image. Les transitions et connections entre les différentes photographies ne sont pas harmonieuses et l'image globale résultante peut quelques fois de ce fait sembler distordue ou dérangeante.

De tels triptyques peuvent souvent mimer la fonction narrative du cinéma en donnant lieu à une perception séquentielle des photographies qui les composent une-à-une. En regardant le triptyque ci-dessus, l'on va typiquement regarder une des photographies en premier, une autre en second, et une autre en troisième lieu, tout en ayant également une perception globale de l'ensemble – exactement comme c'est le cas en ce qui concerne la photographie unique de la coccinelle, et les mêmes techniques de gestion de l'attention et du regard sont donc ici applicables. Le trait particulier des n-iptyques c'est que chacune des photographies indépendamment des autres est sujette à la mise en œuvre des différentes techniques de gestion du regard que nous avons examinées ci-dessus, mais qu'en plus une stratégie de gestion de second ordre vient se surajouter pour permettre une perception pertinente de l'ensemble des trois photographies. Dans ce second cas, la séquence temporelle d'images cinématographiques (où, par exemple, la caméra s'éloigne du visage du personnage, et on le voit donc d'abord de près, ensuite de plus loin, et ensuite l'on voit la rue derrière le personnage) est ici remplacée par une séquence spatiale (en partant du centre vers la droite et ensuite vers la gauche) qui donne lieu à la même séquence : l'ordre spatial remplace ici l'ordre temporel – et génère bien sûr un ordre temporel dans la perception à son tour. Un tel phénomène est également souvent exploité en bande dessinée, où par convention ce qui vient avant est ce qui vient à gauche et en haut.

Par ailleurs, de tels triptyques illustrent bien un point que nous avons déjà évoqué dans le cas de photographies uniques : ils permettent de reproduire le caractère *dynamique* d'une perception visuelle normale. En effet, comme nous l'avons vu, lorsque nous regardons quelque chose, nous ne le fixons pas de manière statique comme un tout uniforme, mais au contraire notre perception en est dynamique dans le sens que nous le parcourons du regard et dirigeons notre attention sur tel détail ou aspect de l'objet ou tel autre – nous l'*observons*. Ainsi, nous percevons typiquement les objets de différents angles et différentes distances, et c'est tous ces phénomènes (qui rendent la perception visuelle normale dynamique) que les n-iptyques permettent de reproduire d'une manière encore plus directe que ne le permettent des photographies uniques.

Récapitulons les thèses, parallèles à celles de Carroll en ce qui concerne le cinéma, que nous avons examinées ci-dessus :

– les photographies peuvent avoir une fonction narrative, elles permettent de « raconter une histoire » ;

– cette narration ne se fait pas de manière analogue à une narration linguistique (« le langage de la photographie » est, au mieux, une métaphore imprécise) ;

– la narration photographique se fait au moyen de techniques de gestion de l'attention, et gestion du regard de l'observateur de l'image ;

– ces techniques donnent lieu à une perception dynamique, séquentielle, et temporellement étendue de l'image ;

– ces techniques exploitent des facultés perceptuelles naturelles et innées, et non pas des capacités acquises.

Ce dernier point, qui constitue la thèse centrale de Carroll en ce qui concerne le cinéma, et que j'ai défendu ici en ce qui concerne les photographies, permet d'expliquer un important phénomène : la facilité et l'universalité avec laquelle une photographie est « compréhensible » pour tout observateur normal, quelle que soit sa culture. Le « langage » de la photographie n'étant pas véritablement un langage qui nécessiterait un apprentissage, constitue une forme de communication directe sans intermédiaires entre le photographe et les observateurs de sa photographie.

Robin Le Poidevin
Time and the Static Image *

Supposons que les images statiques peuvent dépeindre le
mouvement. Nous sommes alors en conflit avec la théorie de
Currie[a]; car les images statiques ne peuvent certainement pas
déclencher en nous la capacité de reconnaissance du mouvement. Ou alors nous verrions l'image elle-même bouger. Or,
mises à part quelques intéressantes exceptions, il est évident
que nous ne voyons pas une image statique comme en mouvement. Nous pourrions alors dire que les images statiques
dépeignent des *instants*. Cela aussi créé un problème car cela
suggère que nous avons une capacité à reconnaître des instants,
ce qui est hautement douteux. Au passage, cette partie du
dilemme nous permet de donner un sens à l'argument de

* R. Le Poidevin, « Time and the Static Image », *Philosophy*, vol. 72,
n° 280, 1997, p. 185-188, traduction J. Benovsky.

a. G. Currie, *Image and Mind : Film, Philosophy and Cognitive Science*,
Cambridge, Cambridge UP, 1995.

Gombrich[b]; il part du fait indiscutable que nous ne percevons pas des instants pour en arriver à la proposition que les images statiques ne représentent pas des instants. Pour le formuler dans nos propres termes : si les images statiques dépeignent des instants, alors elles déclenchent en nous les mêmes capacités de reconnaissance que celles déclenchées par des instants. Mais les instants ne déclenchent pas en nous ces capacités-là, car si c'était le cas, nous serions capables de les percevoir, et manifestement nous ne les percevons pas. Par conséquent, les images statiques ne dépeignent pas des instants. […]

Mais si les images statiques ne dépeignent ni le mouvement ni des instants, que dépeignent-elles ? Une troisième possibilité est qu'elles dépeignent des états de choses qui ne changent pas, car nous avons certainement la capacité de les reconnaître. Nous pouvons percevoir l'absence de mouvement aussi bien que le mouvement. Une image de paysage ou une nature morte est de manière plausible interprétée comme dépeignant cette absence de mouvement. Mais prenons une peinture particulièrement dynamique telle que la « Charge of the Scots Greys » de Butler. Les éléments représentés sont manifestement en mouvement. Mais si nous disions que, cependant, l'image dépeint un état de choses qui ne change pas (en déclenchant en nous la capacité de le reconnaître), alors nous devons affirmer que l'image représente les chevaux à la fois comme en mouvement et comme ne bougeant pas. Ce résultat n'est pas très satisfaisant. Il nous faut ici introduire une troisième notion d'instant. Considérons à nouveau l'idée que nous parvenons à la notion d'instant en extrapolant à partir

---

b. E. Gombrich, « Moment and Movement in Art », *Journal of the Warburg and Courtauld Institutes*, 27, 1964.

d'un processus de division d'un intervalle de temps en parties de plus en plus petites. L'erreur faite par notre première conception d'instant était de supposer l'existence réelle d'une plus petite partie d'un intervalle. Mais il n'y a pas d'objection à définir un instant comme étant une partie arbitrairement petite d'un intervalle. Ou, pour rendre la définition moins arbitraire, nous pourrions définir un instant comme étant la plus petite partie perceptible d'un intervalle. Nous pourrions l'appeler « l'instant apparent »[1]. Puisque l'instant apparent est défini par référence à ce que nous percevons, cette notion ne présuppose pas une théorie particulière vis-à-vis du débat métaphysique concernant les instants. C'est-à-dire, contrairement à ce que Hume a supposé, nous pouvons admettre une durée minimale dans l'expérience sans l'admettre dans le monde. Nous avons manifestement une capacité à reconnaître des instants apparents. Dans notre expérience d'un changement, nous pouvons identifier un point particulièrement saillant, tel que le moment où un coureur traverse la ligne d'arrivée. Nous pouvons représenter cela comme une tranche temporelle instantanée de l'action, mais en fait (étant donnée que nous l'avons perçue) elle a une durée non-nulle. C'est donc cela que les images statiques sont capables de dépeindre : des instants apparents qui sont des parties de mouvements plus étendus représentés

---

1. Le Poidevin utilise ici le terme de « specious instant » par analogie au terme, très utilisé dans la littérature philosophique sur la perception du temps, « specious present » qui signifie la durée temporelle pendant laquelle les perceptions d'un sujet sont considérées comme étant présentes. Il n'existe à ma connaissance aucune traduction admise de ce terme technique. « Specious » signifie « spécieux » ou « trompeur, malgré une illusion de vérité » – ce que l'on veut dire ici est qu'il s'agit du présent (ou de l'instant) tel que nous le percevons, tel qu'il *nous apparaît*, d'où notre choix dans la traduction.

par l'image. Les images peuvent ainsi représenter un mouvement en dépeignant des parties perceptuellement minimales de
celui-ci. Ainsi, la conclusion est ici que les images statiques
ne dépeignent pas un instant dans le sens d'un moment sans
extension temporelle, mais la possibilité reste qu'elles le
représentent de manière non dépictive. […]

Les images statiques dépeignent ce que j'ai appelé
« l'instant apparent » : la partie perceptible la plus petite d'un
intervalle. Mais puisque de telles images font référence à des
actions ou événements, nous les tenons naturellement comme
représentant des intervalles temporels bien plus étendus.

COMMENTAIRE

LES PHOTOGRAPHIES ET LE TEMPS
L'ESTHÉTIQUE COMME MIROIR DE LA MÉTAPHYSIQUE

De quelle manière une photographie, qui est une image statique, peut-elle représenter la *durée*? Le peut-elle? Si elle le peut, quelle longueur d'intervalle, quelle extension temporelle, est-elle en mesure de représenter? Selon une opinion traditionnelle[1], les images statiques ne peuvent représenter que des instants – des moments sans durée, sans extension temporelle, des états de choses instantanés – précisément parce qu'elles-mêmes sont statiques. Cette thèse ne concerne pas uniquement les photographies bien sûr, mais toutes les formes d'images statiques, qu'il s'agisse de peintures ou même de sculptures, mais nous nous intéresserons ici uniquement au cas des photographies. L'article de Robin Le Poidevin « Time and

---

1. J. Harris, « Three Treatises Concerning Art » (1744), dans Lippman (ed.), *Musical Aesthetics : A Historical Reader*, New York, Pendragon Press, 1988; G.E. Lessing, *Laocoön*, trad. anglaise E. Frothingham, New York, Noonday Press, 1969.

the Static Image » dont provient l'extrait ci-dessus a été publié
en 1997 mais Le Poidevin l'a repris, dix ans plus tard, et en a
publié en 2007 une nouvelle version en tant que chapitre de son
livre *The Images of Time*[1]. Dans cette seconde version de
l'article, Le Poidevin abandonne certaines thèses, et en précise
d'autres, je ne vais donc pas hésiter dans ce qui suit à l'utiliser
pour mieux comprendre et éclairer l'extrait choisi de la version
originale de 1997.

Au-delà de la discussion concernant la manière dont les
photographies représentent la durée temporelle à proprement
parler, je vais également porter l'attention sur une thèse plus
générale concernant les liens entre l'esthétique et la métaphysique. Le Poidevin, comme nous allons le voir, met en lumière
des liens étroits entre ces deux disciplines qui le poussent dans
le cas présent à dire que « la thèse esthétique est le miroir de
la thèse métaphysique »[2]. Si l'esthéticien nous apprend, par
exemple, que les photographies représentent des instants, le
métaphysicien doit-il alors accepter qu'il existe des instants
dans le monde? Gardant de telles questions méthodologiques
générales à l'esprit, j'y reviendrai en temps voulu.

Commençons par une distinction terminologique importante que Le Poidevin emprunte à Currie entre *dépeindre* et
représenter[3]. Une photographie *dépeint* ce qui est immédiatement accessible par la perception directe de la photographie

---

1. R. Le Poidevin, *The Images of Time*, Oxford Scholarship Online
Monographs, 2007, chap. 7 « Image and Instant : The Pictorial Representation
of Time ».

2. R. Le Poidevin, *The Images of Time*, *op. cit.*, p. 125.

3. G. Currie, *Image and Mind : Film, Philosophy and Cognitive Science*,
op. cit.

au moyen de la ressemblance visuelle. La photographie d'une montagne dépeint ainsi une montagne en ressemblant visuellement à une montagne. Une photographie, toutefois, peut *représenter* un contenu plus large que celui qu'elle *dépeint*. Reprenons le cas de la photographie des deux jeunes mariés[1] – la photographie les *dépeint* comme ayant une certaine forme, telle ou telle expression du visage, comme portant telle ou telle tenue, etc. mais en plus de cela elle les *représente*, par exemple, comme étant amoureux. Le fait d'être amoureux n'est pas directement visuellement perceptible par l'observateur de la photographie, ce fait représenté est donc quelque chose *en plus* de ce qu'elle dépeint, il s'agit d'une représentation de propriétés non-perceptibles. Dans le commentaire du texte de Noël Carroll, nous avons vu que nous pouvons comprendre la représentation comme étant fortement liée à la force *narrative* des photographies : ainsi, les photographies dépeignent ce qui est directement visuellement accessible, et en plus elles représentent ce qu'elles narrent. La possibilité, que j'explorerai ci-dessous, est donc ouverte que les photographies puissent représenter une durée temporelle plus grande que celle qu'elles dépeignent, comme l'affirme également Walton : « Les images [statiques] peuvent représenter des séquences d'événements plus longues que celles qu'elles dépeignent »[2]. La notion de narration, que nous avons découverte dans le commentaire précédent, nous permet alors de comprendre le fonctionnement de ce « en plus » que la représentation offre par rapport au contenu dépeint.

---

1. *Cf.* p. 11-12.
2. K.L. Walton, *Marvelous Images : On Values and the Arts, op. cit.*, p. 172.

À cette distinction de Currie, reprise par Le Poidevin, entre *dépeindre* et *représenter*, je voudrais ajouter un troisième terme : *faire référence à*. En bref, une photographie, comme toute image, *fait référence* aux entités qu'elle dépeint ou représente. La photographie des deux mariés, par exemple, dépeint une partie de ces entités (la partie visible de leur tête, la partie visible de leur thorax …), elle représente les mariés comme étant amoureux, jeunes, etc. et ainsi elle fait également référence aux mariés. Faire référence diffère de dépeindre car une seule partie, la partie visible, des mariés est dépeinte, alors que la photographie fait référence à ces deux entités « en entier », y compris à leur dos, par exemple, que l'on ne perçoit pas sur l'image. Faire référence diffère également de représenter, car la photographie ne fait pas référence au fait que les mariés sont amoureux – elle *fait référence* uniquement à ce qu'elle « pointe visuellement du doigt », il s'agit donc ici d'une *ostension pictorielle*. Les photographies font donc référence à *plus* qu'elle ne dépeignent, mais à *moins* qu'elles ne représentent.

Avec cette distinction en place, nous sommes à présent en mesure de nous poser la question de savoir si une photographie, qui est une image statique, peut dépeindre/représenter/ faire référence à une *durée* temporelle. Un premier élément d'enquête, très important, consiste à remarquer que c'est uniquement à travers le *changement* (le mouvement, le plus souvent) que l'on peut dépeindre/représenter/faire référence à une durée temporelle. Il ne s'agit ici de rien de spécifique à la photographie ni même aux images statiques en général, car la mesure du temps lui-même, que ce soit dans la vie de tous les jours ou dans le cas de mesures scientifiques, ne nous est accessible qu'au moyen de la mesure du changement : nous mesurons la durée temporelle en observant des changements se produire – une montre mécanique dont l'aiguille avance, le mouvement apparent du soleil dans le ciel, le battement de notre cœur, le déroulement interne de nos états mentaux, ou encore la désintégration d'atomes de Césium dans une horloge atomique. Sans observation de changements, il n'y a pas de mesure du temps écoulé, ni de perception ordinaire du passage du temps. Il n'y a alors ici qu'un pas vers l'idée aristotélicienne que le temps lui-même *implique* le changement, et que sans changement il n'y aurait pas de temps (*contra* l'argument célèbre de Shoemaker qui essaie de montrer qu'il peut y avoir du temps sans changement[1]), voir même vers l'idée leibnizienne que le temps *est* le changement, thèse défendue par les relationnistes qui affirment que le temps est une construction logique à partir de choses et événements[2].

S'intéresser à la manière dont une photographie peut ou pas dépeindre, représenter, ou faire référence à une durée temporelle, c'est donc s'intéresser à la manière dont elle pourrait dépeindre, représenter, ou faire référence au changement.

Nous allons le voir, il n'est pas difficile de se rendre compte du fait qu'une photographie peut *représenter* le changement et la durée temporelle ; en revanche, il est moins évident d'affirmer qu'une photographie peut *dépeindre* le change-

---

1. S. Shoemaker, « Time Without Change », *Journal of Philosophy* 66, 1969.

2. Voir, par exemple, G. Forbes, « Time, Events, and Modality », dans R. Le Poidevin et M. MacBeath (eds.), *The Philosophy of Time*, Oxford, Oxford UP, 2003.

ment, et donc la durée, et c'est à cette thèse que je vais me consacrer à présent en détail. Je vais commencer par distinguer entre quatre sens dans lesquels on peut se demander si une photographie dépeint une durée ou pas.

Un premier sens vient d'une comparaison avec le cinéma. Une œuvre cinématographique réussit typiquement à dépeindre la durée temporelle, car « un film peut dépeindre le temps par le temps »[1], c'est-à-dire que, comme il ne s'agit pas d'une œuvre statique et que l'image elle-même est en mouvement, elle dépeint le mouvement par le mouvement (en anglais on appelle le cinéma « moving pictures » ou plus couramment « movies » – des images qui bougent). Cette manière de dépeindre est ce que Currie appelle la « représentation homomorphique » (nous devrions plutôt ici dire « dépiction homomorphique » pour nous en tenir aux distinctions terminologiques que nous avons faites ci-dessus) et il est clair que les photographies ne dépeignent pas la durée temporelle de cette manière – seule une *succession* de photographies pourrait réussir à dépeindre le temps de manière similaire au cinéma, ce qui n'est guère surprenant étant donné qu'un film n'est rien d'autre qu'une rapide succession de photographies; l'on perçoit ici le mouvement en étant visuellement exposé à une succession d'images statiques, ce qui aura pour nous son importance.

Le Poidevin insiste sur ce point tout autant que Walton le fait[2] : « Si [les images statiques] dépeignent le mouvement ou un état de choses statique dépend non pas de ce qui arrive à

---

1. R. Le Poidevin, *The Images of Time*, *op. cit.*, p. 134.
2. K.L. Walton, *Marvelous Images : On Values and the Arts*, *op. cit.*, p. 163.

l'image à travers le temps mais des traits de l'image qui sont tous présents à un moment donné » [1]. En effet, un tirage d'une photographie, par exemple, change bien sûr à travers le temps, il subit «l'érosion du temps» comme tout objet matériel, et peut donc présenter des caractéristiques visuelles différentes à différents moments (des couleurs plus fades, par exemple, après quelques années), mais ceci ne joue bien entendu aucun rôle dans la manière dont la photographie dépeindrait la durée temporelle ou le changement à travers le temps.

Nous comprenons alors ici la première phrase de l'extrait choisi ci-dessus de Le Poidevin : «Supposons que les images statiques peuvent dépeindre le mouvement. Nous sommes alors en conflit avec la théorie de Currie ; car les images statiques ne peuvent certainement pas déclencher en nous la capacité de reconnaissance du mouvement » [2]. En effet, selon Currie, une image dépeint un x en vertu du fait qu'elle déclenche en nous, au moyen de ses traits visuellement perceptibles, une capacité de reconnaissance de x [3] – c'est bien ainsi que le cinéma dépeint le mouvement (par le mouvement) et le changement (par le changement) car il nous fait visuellement voir et reconnaître le changement et le mouvement, mais c'est une chose qu'une image statique ne peut accomplir.

Envisageons donc un second sens dans lequel une photographie pourrait dépeindre la durée temporelle. Dans le commentaire précédent, nous avons vu que la *perception* d'une

1. R. Le Poidevin, « Time and the Static Image », art. cit., et *The Images of Time*, *op. cit.*

2. R. Le Poidevin, « Time and the Static Image », art. cit.

3. G. Currie, *Image and Mind : Film, Philosophy and Cognitive Science*, *op. cit.*

photographie est dynamique et temporellement étendue : elle prend du temps. Bien qu'on parle ici d'images statiques, notre perception d'elles est donc toujours non-instantanée et non-statique. En particulier, nous l'avons vu, notre perception d'une photographie est en général *séquentielle* : le photographe dirige notre attention de telle manière que nous regardons *d'abord ceci*, *ensuite cela*, dans un ordre bien déterminé (rappelez-vous le cas de la photographie de la coccinelle[1]). Ainsi même en observant une image statique, nous avons une expérience de la photographie temporellement étendue. Peut-on faire ici une comparaison avec notre expérience du cinéma ? En effet, comme nous l'avons déjà vu, dans le cas d'un film, nous avons une expérience de mouvement en ayant une expérience d'une séquence d'images statiques successives – l'on voit *d'abord ceci*, *ensuite cela*, et *c'est ça voir le mouvement* : voir une séquence élément par élément. Mais la succession est ici une succession temporelle, alors que dans le cas de la perception dynamique d'une photographie l'ordre temporel est donné par l'ordre spatial – on voit d'abord ceci, ensuite cela parce que notre regard est d'abord dirigé *ici* et ensuite *là*. L'analogie entre l'expérience temporellement étendue d'une photographie et l'expérience temporellement étendue du cinéma n'est donc que superficielle, car les deux cas ne fonctionnent pas de la même manière. C'est la bande dessinée dont le fonctionnement est peut-être plus proche de celui de la perception dynamique d'une photographie, car l'ordre temporel y est typiquement donné par l'ordre spatial (en général « à droite » signifie, par convention, « après », etc.) – mais dans ce cas, il n'est

---

1. *Cf.* p. 79 et p. 80-85 pour la discussion.

pas plus évident d'affirmer que la bande dessinée dépeint le mouvement, bien qu'il soit clair qu'elle puisse le représenter.

Il en est de même pour la photographie : certes, nous la percevons de manière séquentielle, et notre perception est temporellement étendue, mais ce n'est pas pour autant qu'elle dépeint le mouvement ou le changement à travers le temps. Plutôt, elle le représente – elle « narre » le mouvement ou le changement, comme nous l'avons vu dans le cas de la photographie de la coccinelle. La discussion du commentaire du texte de Noël Carroll nous permet ainsi de comprendre ici de quelle manière une photographie peut représenter la durée temporelle (grâce à sa fonction narrative), mais pas la dépeindre – le changement ou le mouvement ne nous sont pas visuellement directement accessibles sur l'image dans le second sens que nous sommes en train d'examiner. En revanche, il nous est ici possible de nous inscrire en faux contre Lessing qui défendait la thèse que la peinture ou la photographie ne sont pas des « arts temporels » et ne peuvent donc représenter que des moments instantanés [1]. Nous avons vu que ceci est faux, si l'on parle de *représentation*.

Peut-être une photographie peut-elle *dépeindre* le changement et le mouvement dans un troisième sens, proche du second sens que nous venons d'examiner. Jusqu'ici, nous avons eu à l'esprit des photographies comme celles de la coccinelle ou celle des deux jeunes mariés. Considérons à présent la photographie suivante :

1. G.E. Lessing, *Laocoön, op. cit.*, p. 91-92.

Photographie 9
http://www.benovsky.com/illustration4/

La première impression que l'on retient en apercevant, même d'un rapide coup d'œil, une telle photographie *est* celle de mouvement, et cette impression persiste même lors d'un examen plus détaillé de cette image : nous pouvons dire qu'il s'agit là d'un cas paradigmatique d'une photographie de mouvement. Mais là n'est pas la question. La question est celle de savoir si la photographie dépeint le mouvement ou si elle le représente. De concert avec Walton qui propose que notre *imagination* joue un rôle crucial lors de la perception de photographies de ce type [1], je pense que nous réalisons rapidement qu'une telle image représente le mouvement (elle nous « raconte », elle « narre » le mouvement en déclenchant notre capacité d'imagination qui vient « poursuivre » les mouvements du skieur), mais qu'elle ne le dépeint pas – nous ne *voyons* pas directement le mouvement, bien qu'il nous soit impossible de ne pas « l'avoir à l'esprit » en l'imaginant lors de la perception de ce type de photographies.

Aucune des photographies que nous avons examinées jusqu'ici (les mariés, la coccinelle, le skieur) ne dépeint donc le mouvement, bien que presque toutes le représentent. Il nous reste à présent un quatrième cas dont il s'agit de faire un examen minutieux : la photographie de l'homme qui se lève du banc à la gare et du train qui passe [2]. La description même que je viens de donner de cette photographie semble suggérer le mouvement : je parle d'un homme qui se lève (et donc d'un homme qui change sa position assise pour adopter une position debout) et du train qui passe (et donc d'un train qui change sa position spatio-temporelle). Une photographie de ce type a

1. K.L. Walton, *Marvelous Images : On Values and the Arts*, *op. cit.*
2. *Cf.* p. 32.

ceci de particulier qu'elle nous fait littéralement voir la trajec-
toire parcourue par les deux objets à travers un intervalle non-
instantané du temps. Une telle image nous fait prendre également conscience d'un fait qui est quelquefois oublié : *toute*
photographie enregistre les traces d'un intervalle temporel
non-instantané, tout simplement parce que la prise de vue prend
toujours du temps, même un temps très court. La photographie
du skieur consiste ainsi en l'enregistrement d'un intervalle
temporel de 1/4000ᵉ de seconde, celle de la coccinelle d'un
intervalle temporel de 1/100ᵉ de seconde, et celle de l'homme
à la gare d'un intervalle temporel de 2 secondes. Il n'y a donc
aucune différence *de principe* sur ce point entre les différentes
photographies, mais il y a une différence importante dans ce
que nous *voyons* en regardant les différentes images résultantes. Dans les cas des mariés, de la coccinelle ou du skieur
nous voyons une réalité comme étant figée car soit le temps
d'exposition de la photographie est trop court (cas du skieur)
soit le mouvement du sujet est trop lent (cas de la coccinelle et
des mariés) pour que soient enregistrées sur l'image les traces
du déplacement du sujet dans l'espace – le mouvement. En
revanche, dans le cas de la photographie de l'homme à la gare,
le temps d'exposition est suffisamment long pour permettre
aux mouvements réels du sujet dans le monde d'avoir le temps
d'être enregistrés sur l'image. La « pose longue » n'est toutefois qu'un des moyens à la disposition du photographe pour
créer de telles images ; il est possible d'obtenir une photographie similaire en réalisant plusieurs prises de vue à différentes
étapes successives du mouvement du sujet et en les super-
posant après la (les) prise(s) de vue. En réalité, la photographie
de l'homme à la gare résulte de la combinaison de ces deux
techniques – deux poses longues de 1 seconde où chacune
enregistre une partie du mouvement de l'homme et du train et

qui ont ensuite été superposées pour allonger encore (doubler) l'extension temporelle que la photographie résultante devait montrer[1].

Avant de répondre à la question de savoir si une photographie telle que celle de l'homme à la gare dépeint le mouvement et le changement ou si, comme dans les cas précédents, elle le représente seulement, je vais à présent faire une « digression métaphysique » pour mieux comprendre quelle est la nature du changement. Armés de cette meilleure compréhension de ce qu'*est* le changement, nous pourrons mieux voir s'il peut oui ou non être photographiquement dépeint de cette manière.

En effet, la photographie de l'homme à la gare semble fortement suggérer l'image de la théorie *perdurantiste* (souvent appelée « quadri-dimensionalisme »). Selon cette théorie, les objets matériels comme les trains ou les humains (ou du moins leurs corps) sont étendus dans les trois dimensions spatiales, et ils sont également, littéralement, étendus dans le temps. Contrairement à la théorie *endurantiste* selon laquelle un objet persiste à travers le temps en existant entièrement à différents moments du temps (en « se déplaçant le long de la ligne temporelle » pourrions-nous dire métaphoriquement parlant), le perdurantisme soutient la thèse que les objets matériels persistent à travers le temps en ayant des *parties temporelles* à différents moments du temps. Prenons le cas de l'homme à la gare :

---

1. En réponse aux objections possibles qu'une telle image « manipulée » n'est plus une photographie, nous renvoyons le lecteur aux pages 16-18 où nous écartons ces objections.

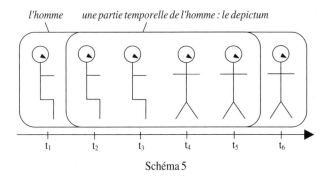

Schéma 5

L'homme n'est *pas*, selon le perdurantisme, une entité qui existe d'abord à t_1, ensuite à t_2, etc. (comme le dirait la théorie endurantiste) car il s'agit d'une entité qui est temporellement trop grande (trop étendue) pour pouvoir exister entièrement à un instant. L'homme est plutôt un *ver spatio-temporel* qui *s'étend* de t_1 (disons, sa naissance) jusqu'à t_6 (disons, sa mort) et qui a des parties temporelles à chaque instant (et chaque intervalle) entre ces deux moments. Si t_5 est le moment présent, alors on dira que l'homme a une partie d'il y a une seconde, une partie d'il y a 2 secondes, et une partie dans une seconde (ou dans une année), que toutes ces parties existent et qu'elles forment un tout : l'homme, étendu dans le temps. Ceci est analogue à la manière dont l'homme possède ses parties spatiales : il a un bras gauche, un bras droit, une jambe gauche, etc. et toutes ces parties spatiales forment un tout – son corps – étendu dans les trois dimensions spatiales. Le perdurantisme prend alors au sérieux l'idée que le cas de l'extension temporelle fonctionne comme le cas de l'extension spatiale.

Il ne s'agit pas ici pour moi de défendre le perdurantisme[1].
Ce qui m'intéresse ici est la manière très naturelle dont le
perdurantisme semble s'accommoder de ce que dépeint la
photographie de l'homme à la gare. Quelque part entre la
naissance et la mort de cet homme se situe, selon le perdurantisme, une tranche temporelle de lui qui est « épaisse de
2 secondes », qui s'étend, disons, de t_2 à t_5, et cette tranche est ce

---

1. Le lecteur qui souhaite s'initier au débat concernant la persistance à
travers le temps peut lire J. Benovsky, *Le Puzzle Philosophique*, Paris, Éditions
d'Ithaque, 2010.

Parmi les défenseurs du perdurantisme comptent : 1) M. Heller, *The
Ontology of Physical Objects, op. cit.*; «Things Change », *Philosophy and
Phenomenological Research*, 52, 1992; «Varieties of Four-Dimensionalism »,
Australasian Journal of Philosophy, 71, 1993; et « Temporal Overlap is not
Coincidence », *The Monist* 83, 2000; – 2) R. Le Poidevin, «Continuants and
Continuity », *The Monist*, 2000; – 3) D. Lewis, « Survival and Identity » (1983),
et «Rearrangement of Particles » (1988), dans D. Lewis, *Papers in Metaphysics
and Epistemology*, Cambridge, Cambridge UP, 1999; *On the Plurality of
Worlds*, Oxford, Blackwell Publishers, 1986; ; et «Tensing the Copula »,
Mind 111, 2002; – 4) W.v.O. Quine, « Identity, Ostension, and Hypostasis »
(1950), dans W.V.O. Quine, *From a Logical Point of View*, Cambridge (Mass.),
Harvard UP, 1953; – 5) T. Sider, «Four-Dimensionalism », *The Philosophical
Review* 106, 1997; «Global Supervenience and Identity across Times and
Worlds », *Philosophy and Phenomenological Research* 59, 1999; «Recent
Work on Identity Over Time », *Philosophical Books* 41, 2000; « The Stage
View and Temporary Intrinsics », *Analysis* 60, 2000; et *Four-Dimensionalism*,
Oxford, Oxford UP, 2001.

Parmi les objecteurs du perdurantisme figurent : 1) P. Simons, «How to
Exist at a Time when You Have no Temporal Parts? », *The Monist* 83, 2000;
et «Continuants and Occurrents », *The Aristotelian Society* 74, 2000; –
2) D.H. Mellor, *Real Time II*, London, Routledge, 1998; – 3) P. Van Inwagen,
« The Doctrine of Arbitrary Undetached Parts » (1981), dans P. Van Inwagen,
Ontology, Identity and Modality, Cambridge, Cambridge UP, 2001; *Material
Beings*, Ithaca, Cornell UP, 1990a; «Plantinga on Trans-World Identity »
(1985), dans *Ontology, Identity and Modality, op. cit.*; et « Temporal Parts and
Identity across Time » (2000), dans *Ontology, Identity and Modality, op. cit.*

qui est dépeint par la photographie. Une partie temporelle de cette tranche est assise, suivie d'une partie temporelle debout, et elle contient bien sûr des parties temporelles qui se trouvent dans une position intermédiaire (non-représentées, par souci de simplicité, sur le schéma ci-dessus). Le « depictum » de la photographie est ainsi une tranche temporelle de l'homme (et une tranche temporelle du train) – on *voit* sur l'image cette tranche temporelle, ou plus exactement, on voit les traces qu'elle a laissées sur la photographie. Ces traces sont moins nettes que ce que nous verrions si nous étions là au moment où l'homme se lève du banc et si nous l'observions, car, ne l'oublions pas, la photographie est un medium statique et contrairement au cinéma ne peut donc pas dépeindre le mouvement par le mouvement, mais il semble qu'elle dépeint bien une tranche temporelle de l'homme et du train.

Mais, même si nous acceptons l'idée qu'une photographie puisse dépeindre une tranche temporelle non-instantanée, est-il vrai pour autant qu'elle dépeint le *mouvement* et le *changement* ? En effet, rien ne change sur l'image (il s'agit bien d'une image statique), et il n'est donc pas obvie qu'il s'agit d'une *dépiction* de mouvement ou changement et non pas « seulement » d'une représentation, comme dans les cas que nous avons vus auparavant.

Je pense qu'en effet, cette photographie dépeint le mouvement, le changement, et donc une durée temporelle. Pour voir cela, regardons à présent quelle analyse la théorie perdurantiste donne de ce qu'*est* le changement. La meilleure manière d'exposer cela est de considérer l'objection souvent soulevée contre le perdurantisme qui vise à montrer que, justement, le perdurantisme ne permet *pas* d'expliquer ce qu'est le changement (et donc, qu'il s'agirait d'une théorie inadéquate). En effet, selon le perdurantisme, l'univers est statique : tout *est là*, l'univers est une distribution de matière dans l'espace-temps quadri-dimensionnel, qui contient tout (y compris le passé, le présent et le futur) et où tout est *à sa place pour toujours*. Prenons le cas de l'homme à la gare : à t_3 il existe une partie temporelle de lui qui est assise, à t_4 il existe une partie temporelle de lui qui est debout. *Cela ne change jamais*. Une fois que l'homme a une partie temporelle assise à t_3, il a pour toujours une partie temporelle assise à t_3. Qu'est-ce qui change donc ? Où est le changement ? Regardons l'homme lui-même, qui n'est pas identique à l'une ou l'autre de ses parties temporelles, car il est temporellement trop grand : il est le tout, temporellement étendu, composé de toutes les parties temporelles allant de sa naissance à sa mort. Change-t-il ? Selon l'objecteur, il semble que non : cette entité temporellement étendue, elle aussi, *est là*, avec toutes ses parties qui, elles, ne changement pas. Peter Simons, par exemple, dit que « le quadri-dimensionalisme n'est pas une explication du changement, mais son élimination, puisque rien ne survit au changement »[1] – ce que nous voulons c'est de donner une explication de comment un objet, un homme ou un train, peut persister à travers le temps en changeant mais le perdurantiste nous raconte, selon Simons, une histoire bien différente : l'histoire d'objets différents (des parties temporelles différentes) qui ont des propriétés différentes (être assis, être debout), et qui se succèdent mais ce n'est pas ce que nous cherchions – le remplacement successif d'un objet par un autre n'est pas la même chose qu'un objet qui change.

J'ai par ailleurs montré que si cette objection était bonne elle s'appliquerait également à l'endurantisme et ne constituerait donc pas un argument très fort spécifiquement contre la

---

1. P. Simons, « Continuants and Occurrents », art. cit., p. 64.

théorie perdurantiste [1]. Mais là n'est pas notre intérêt à présent : voyons plutôt pourquoi cette objection n'est *pas* bonne (ni contre l'endurantisme, ni contre le perdurantisme).

Qu'est-ce que le changement? Selon Judith Jarvis Thomson, « une chose change si et seulement si elle possède des caractéristiques à un temps qu'elle ne possède pas à un temps ultérieur » [2]. Berit Brogaard affirme que « le changement a lieu lorsqu'une seule entité possède deux états incompatibles à différents moments » [3]. Ces deux affirmations expriment le point de vue traditionnel de Bertrand Russell que « le change-ment est la différence, en ce qui concerne la vérité et la fausseté, entre une proposition concernant une entité à un temps t et une proposition concernant une entité à un temps t', pour autant que les deux propositions diffèrent uniquement par le fait que t fait partie de l'une et t' fait partie de l'autre » [4]. Ce que ces trois points de vue ont en commun est l'idée que le changement est le fait d'avoir différentes propriétés à différents moments. Mais si cela est correct, le perdurantisme n'a rien à craindre en ce qui concerne l'objection ci-dessus : selon la théorie perdu-rantiste, l'homme, qui est une entité quadri-dimensionnelle temporellement étendue, a à t_3 la propriété d'être assis, et à t_4 la propriété d'être debout (en ayant une partie temporelle à t_3 qui est assise et une partie temporelle à t_4 qui est debout), il possède ainsi une caractéristique à t_3 qu'il ne possède pas à t_4 – et c'est

1. J. Benovsky, *Peristence through Time and across Possible Worlds*, Frankfurt, Ontos Verlag, 2006, chap. 3.

2. J.J. Thomson, « Parthood and Identity across Time », *The Journal of Philosophy* 80, 1983, p. 210-211.

3. B. Brogaard, « Presentist Four-Dimensionalism », *The Monist*, 83, 2000, p. 341.

4. B. Russell, *Principles of Mathematics*. Cambridge, Cambridge UP, 1903, § 422.

tout ce qui est requis pour soutenir l'affirmation qu'un changement a eu lieu. Bien sûr, une partie temporelle instantanée de
l'homme ne peut pas changer (car, par exemple, il est et il
sera toujours le cas que la partie temporelle t_3 de l'homme est
assise), mais l'homme (qui n'est pas identique à l'une de ses
parties temporelles) change, et c'est bien cela dont il fallait
rendre compte. Ainsi, l'homme, le train … qui sont des entités
quadri-dimensionnelles peuvent très bien avoir différentes
propriétés à différents moments, et peuvent donc changer.

L'objecteur insatisfait va ici dire que cette explication
perdurantiste de la nature du changement est inacceptable car
elle soutient que le changement est analogue à une simple
variation spatiale. En réponse, le perdurantiste va *accepter*
cette idée : oui, j'affirme que le temps est analogue à l'espace et
que les objets matériels sont étendus dans le temps tout comme
ils le sont dans l'espace – ceci est une partie de ma théorie,
précisément, et non pas une objection à celle-ci. Comme le
dit Ted Sider, « de telles objections peuvent être simplement
acceptées. Le changement *est* analogue à la variation spatiale.
[…] Il n'y a pas de bons arguments pour montrer le
contraire »[1]. Une affirmation perdurantiste typique concernant
cette analogie est que la carrière temporelle d'un objet à travers
le temps est comme l'extension d'une route dans l'espace. On
trouve une explication éclairante chez Heller : il suggère que
« parfois nous décrivons un objet comme changeant en vertu
du fait qu'il a différentes propriétés à différents endroits dans
l'espace »[2]. Lorsque je donne des instructions à un ami pour
qu'il trouve ma maison, remarque Heller, je peux lui dire :
« elle se trouve exactement deux kilomètres après que la route

1. T. Sider, *Four-Dimensionalism*, *op. cit.*, p. 214.
2. M. Heller, « Things Change », art. cit., p. 703.

goudronnée change et devient caillouteuse ». Je parle ainsi de la route comme si elle changeait, alors qu'en réalité, je parle de la dissimilarité de ses parties spatiales. Si j'observais la route vue du ciel (d'un hélicoptère, par exemple), je ne la décrirais pas comme changeant. La différence entre les deux cas est que dans le premier j'ai donné à mon ami une direction et que selon cette direction la route est *d'abord* goudronnée et *ensuite* caillouteuse, alors que dans le second cas j'ai un point de vue neutre – ce qui correspondrait dans la théorie quadri-dimensionnaliste au point de vue d'un dieu qui aurait la capacité d'observer l'univers d'en dehors de l'espace-temps et qui pourrait voir l'homme à la gare non pas comme nous (et lui-même !) qui percevons ses parties temporelles l'une après l'autre, mais au contraire il le verrait *en entier*, dans toute son extension temporelle. C'est pourquoi, mon ami et moi décrivons la route comme si elle changeait, et que nous décrivons l'homme à la gare comme changeant également (d'abord il est assis, ensuite il est debout), alors que nous ne décririons ni la route comme changeant du point de vue de l'hélicoptère ni l'homme à la gare comme changeant du point de vue d'un dieu. La différence entre le cas spatial et le cas temporel consiste alors en le fait qu'il semble que ce soit un fait physique que le temps (mais pas l'espace) *a* une direction, et c'est pourquoi dans le cas temporel (mais pas dans le cas spatial) le fait qu'un objet possède différentes propriétés à différents moments constitue un véritable changement, alors que le fait qu'un objet possède différentes propriétés à différents lieux n'en est pas un (bien qu'il puisse sembler en être un depuis certaines perspectives, comme nous l'avons vu dans le cas de la route).

En observant la photographie de l'homme à la gare, c'est alors un peu la perception du dieu situé hors de l'espace-temps que nous avons de l'homme et du train qui bougent. Cette photographie, grâce au fait qu'elle peut enregistrer les traces des carrières spatio-temporelles de ces deux objets plus longues que celles que nous offre notre perception ordinaire de ceux-ci, nous procure l'expérience visuelle d'une partie temporelle « épaisse » de 2 secondes, et nous fait clairement (bien que de manière floue) voir les différentes sous-parties temporelles de celle-ci avec leurs différentes propriétés (assis, debout…). Nous pouvons ainsi observer ce ver spatio-temporel épais de 2 secondes, nous pouvons observer les différences qualitatives entre ses différentes parties temporelles, et donc, nous pouvons observer le changement que ce ver a subi – nous voyons donc l'homme et le train changer. De ce fait, il me semble correct d'affirmer qu'une telle photographie *dépeint* le changement, et donc la durée, au lieu de seulement le représenter.

Jusqu'ici nous avons donc vu quatre sens dans lesquels je me suis demandé si une photographie dépeint le changement et la durée ou si elle le représente seulement, et nous avons vu que seul le quatrième cas était un cas de dépiction en plus d'être un cas de représentation bien sûr. Dans ce cas, la photographie fait également *référence* aux entités qu'elle dépeint ou représente (par exemple, le vers spatio-temporel qu'est l'homme à la gare).

Nous l'avons vu, une photographie telle que celle de l'homme à la gare dépeint le changement soit avec la technique d'une pose longue, soit avec la technique de plusieurs prises superposées, soit avec la combinaison des deux. Dans le cas de la technique simple d'une pose longue, la durée de l'exposition de la pellicule lors de la prise de vue va alors typiquement correspondre à l'extension temporelle du ver dépeint. Ici, il nous reste un dernier cas de photographie à examiner :

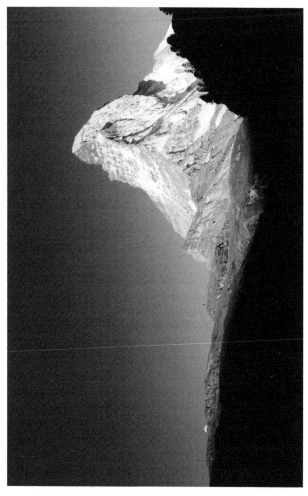

Photographie 10
http://www.benovsky.com/illustration5/

La photographie de l'homme à la gare dépeint la durée, en dépeignant une tranche temporelle de l'homme épaisse de 2 secondes, et elle accomplit cela, simplifions ici pour l'exemple, grâce au fait que l'exposition lors de la prise de vue était de 2 secondes. Devons-nous donc généraliser et dire que si une photographie est prise avec une pose longue, elle dépeint la durée ? C'est ici que des photographies telles que celle du Cervin ci-dessus constituent un contre-exemple utile : celle-ci a été prise en utilisant un temps d'exposition de plusieurs secondes, or on ne dira *pas* qu'elle dépeint la durée. Et on aura raison : la durée ne peut être dépeinte qu'à travers la dépiction du changement. Sans changement, pas de durée. En effet, pour qu'une photographie puisse dépeindre la durée, c'est-à-dire pour que la durée soit visuellement accessible par l'observation de la photographie, il faut que les sujets dépeints subissent un *changement observable* dans l'intervalle qui constitue le temps d'exposition de la prise de vue, car sans cela, comme dans le cas de la photographie du Cervin, aucun changement ne sera observable sur l'image résultante et aucune durée ne sera donc dépeinte par une telle photographie. Celle-ci constitue donc un contre-exemple à la thèse selon laquelle une photographie réalisée avec une pose longue dépeint *de ce fait* la durée.

Mais elle ne constitue *pas* un contre-exemple à la thèse selon laquelle une photographie réalisée avec une pose longue d'un sujet *qui change* dépeint la durée. En effet, le changement observable est essentiel pour qu'une image photographique puisse représenter la durée temporelle.

Cela n'a rien de particulier à la photographie. Notre expérience perceptuelle ordinaire de la durée est en effet également toujours celle d'un changement : ce n'est qu'à travers l'expérience du changement (changement dans le sujet observé ou changement dans les états mentaux internes de l'observateur) que nous avons l'expérience de la durée. De plus, nous l'avons vu également, la thèse esthétique et la thèse épistémologique trouvent également leur analogue en métaphysique : l'affirmation d'inspiration relationniste que le temps *est* le changement, ou l'affirmation plus faible d'inspiration aristotélicienne que le temps *implique* le changement (dans les deux cas, sans changement il n'y aurait pas de temps). La photographie du Cervin ne constitue donc pas un contre-exemple à la thèse que j'ai défendue en ce qui concerne le quatrième sens dans lequel les photographies d'un certain type peuvent dépeindre le changement, au contraire, elle nous permet de bien mettre en lumière de quelle manière la dépiction de l'extension temporelle fonctionne, et comment cette thèse esthétique (pas de dépiction de temps sans dépiction de changement) fait écho aux thèses épistémologique (pas de perception de temps sans perception de changement) et métaphysique (pas de temps sans changement) correspondantes.

Mais quel est exactement le lien entre ces différentes thèses – esthétique, épistémologique, et métaphysique ? En particulier, devons-nous accepter une métaphysique quadridimensionnaliste si nous acceptons la thèse esthétique que (certaines) photographies dépeignent et font référence à des tranches spatio-temporelles non-instantanées ? Est-il juste de dire, comme le fait Le Poidevin (à propos d'une affirmation différente que nous allons voir tout de suite) que « la thèse esthétique est le miroir de la thèse métaphysique »[1] ?

Considérons le texte de Le Poidevin cité ici. Dans cet extrait, Le Poidevin s'attarde également, et à juste titre, sur la notion même d'instant et propose plusieurs analyses possibles de ce qu'*est* un instant. La boucle est ainsi bouclée, tout comme

---

1. R. Le Poidevin, *The Images of Time*, *op. cit.*, p. 125.

nous venons de le voir, et les liens entre la thèse esthétique (les photographies dépeignent des instants), la thèse épistémologique (nous pouvons percevoir des instants), et la thèse métaphysique (il y a des instants) sont mis en lumière. Pour Gombrich, qui pense que la notion d'instant (métaphysique) est absurde, il est alors naturel de défendre la thèse selon laquelle les photographies ne peuvent pas représenter ou dépeindre (et, encore moins, faire référence à) des instants, puisque rien de tel n'existe[1]. Le point de vue de Le Poidevin manifeste également le souci de l'étroit lien entre ces thèses provenant de trois domaines différents – car c'est pour éviter les problèmes métaphysiques liés à la notion d'instant et pour ne pas se retrouver dans l'obligation d'affirmer que « nous avons une capacité à reconnaître des instants » (thèse épistémologique) qu'il introduit la notion de « instant apparent » et affirme que c'est cela que les images statiques comme les photographies dépeignent. L'instant apparent, pour Le Poidevin, est quelque chose qui est « psychologiquement instantané »[2] ce qui ne veut pas dire « instantané ». Le Poidevin utilise ici le terme anglais « specious instant » par analogie au terme, très utilisé dans la littérature philosophique sur la perception du temps, « specious present » qui signifie la durée temporelle pendant laquelle les perceptions d'un sujet sont considérées comme étant présentes. Ainsi, l'instant apparent est défini par référence à ce que nous percevons, et de ce fait Le Poidevin évite que sa thèse esthétique ne présuppose une théorie particulière vis-à-vis du débat métaphysique concernant les instants. Mais il reste qu'il affirme quelque chose de

---

1. E. Gombrich, « Moment and Movement in Art », art. cit.
2. R. Le Poidevin, *The Images of Time*, *op. cit.*, p. 138.

très proche de la thèse que j'ai défendue ci-dessus : « […] dans notre expérience d'un changement, nous pouvons identifier un point particulièrement saillant, tel que le moment où un coureur traverse la ligne d'arrivée. Nous pouvons représenter cela comme une tranche temporelle instantanée de l'action, mais en fait (étant donnée que nous l'avons perçue) elle a une durée non-nulle. C'est donc cela que les images statiques sont capables de dépeindre : des instants apparents qui sont des parties de mouvements plus étendus représentés par l'image. Les images peuvent ainsi représenter un mouvement en dépeignant des parties perceptuellement minimales de celui-ci. » Or, ces « parties perceptuellement minimales » sont des tranches temporelles non-instantanées, et il semble inévitable de devoir donner un compte rendu métaphysique ce que ce sont ces contenus de la perception, d'autant plus si nous disons que les photographies font référence à ce qu'elles dépeignent.

Ainsi, aussi bien Gombrich que Le Poidevin prennent au sérieux le lien entre les débats esthétique, épistémologique, et métaphysique, et c'est à juste titre, car comme nous venons de le voir, si l'on affirme qu'une photographie dépeint un type d'entités E, il semble nécessaire de disposer d'une métaphysique de E, en particulier si nous ajoutons que les photographies font également référence à des entités du type E au lieu de « seulement » les dépeindre. Bien entendu, il ne s'agit pas d'affirmer que tout ce qui est dépeint par les photographies, et par des images statiques en général, existe dans le sens de posséder le même statut ontologique que les entités dont nous affirmons l'existence réelle « dans le monde », comme une table par exemple. En effet, nous pouvons très bien développer une théorie selon laquelle les photographies peuvent dépeindre et faire référence à des entités fictives, ou encore nous avons la possibilité d'être réductionnistes en ce qui concerne tel ou tel type d'entités dépeintes par une photographie. Mais dans tous les cas, il nous faut une métaphysique de *ce qui est dépeint*, qu'il s'agisse d'une théorie métaphysique réaliste ou réductionniste, voire même éliminativiste[1].

Comme nous l'avons déjà vu, en ce qui concerne les *depicta* de photographies telles que celle de l'homme à la gare le perdurantisme semble être la bonne théorie métaphysique[2]. Ce type de perdurantisme est constitué de deux thèses principales : 1) la thèse proprement perdurantiste selon laquelle les objets persistent à travers le temps en ayant des parties temporelles à différents moments, et 2) la thèse *éternaliste* selon laquelle le passé, le présent, et le futur possèdent le même statut ontologique – tout existe, l'univers est un tout spatio-temporel quadri-dimensionnel dont *toutes* les parties spatiales *et* temporelles existent. Cette seconde thèse a joué un rôle important pour nous car si nous disons qu'une photographie dépeint et

---

1. Rappelez-vous que c'est ainsi que nous avons procédé en ce qui concerne l'existence de photographies elles-mêmes, p. 59-66.

2. Nous avons fait appel ici à une des versions les plus standard du perdurantisme : le *perdurantisme éternaliste appelé « worm view »*, défendu notamment par 1) M. Heller, *The Ontology of Physical Objects, op. cit.* ; « Things Change », art. cit. – « Varieties of Four-Dimensionalism », art. cit. ; « Temporal Overlap is not Coincidence », art. cit. – et 2) D. Lewis, « Survival and Identity », art. cit. ; *On the Plurality of Worlds, op. cit.* ; « Rearrangement of Particles », art. cit. – « Tensing the Copula », art. cit.

Il existe également des alternatives possibles endurantistes de même que d'autres variantes du perdurantisme, dont la discussion détaillée ne peut pas trouver sa place ici ; nous renvoyons pour cela à J. Benovsky, *Persistence through Time and across Possible Worlds, op. cit.* ; « Presentism and Persistence », *Pacific Philosophical Quarterly*, 90:3, 2009 ; et « Eternalist Theories of Persistence through Time : Where the Differences Really Lie », *Axiomathes*, vol. 19, n° 1, 2009.

fait référence à une tranche temporelle « épaisse de plusieurs secondes », et si nous voulons en conséquence affirmer l'existence d'une telle tranche, nous devons alors accepter l'existence d'entités temporellement « trop grandes » pour n'exister qu'au moment présent (car, quelle que soit la durée du présent, elle est plus petite que plusieurs secondes). Berit Brogaard défend la thèse selon laquelle le perdurantisme est compatible avec l'idée que seul le présent existe[1], mais une telle affirmation impliquerait qu'il existe des entités (des vers spatio-temporels temporellement étendus) qui possèdent des parties qui n'existent pas – ils seraient composés de parties qui existent (présentes) et de parties qui n'existent pas (passées, futures); or, cela semble générer sinon une absurdité alors du moins de graves problèmes qu'il vaut mieux éviter[2]. Il est donc plus judicieux, et en tout cas plus adapté pour donner un compte-rendu adéquat du *depicta* de photographies telles que celle de l'homme à la gare, de faire appel au perdurantisme éternaliste.

Nous *voyons* en observant cette photographie une sorte de *ver* qui s'étend sur l'image, laquelle *dépeint* et fait référence à un *ver spatio-temporel* perdurantiste éternaliste, et il semble donc bien, pour reprendre l'expression de Le Poidevin, que l'esthétique est ici le miroir de la métaphysique. Loin de considérer ce fort lien entre ces deux domaines comme un engagement ontologique gênant, je propose plutôt de l'interpréter comme la bonne nouvelle que différents domaines du savoir philosophique se rejoignent pour former une théorie unifiée et complète.

1. B. Brogaard, « Presentist four-dimensionalism », art. cit.
2. Pour une discussion détaillée de ces arguments, voir J. Benovsky, « Presentism and persistence », art. cit.

TABLE DES MATIÈRES

TEXTES ET COMMENTAIRES

DANS LA MÊME COLLECTION

ACHEVÉ D'IMPRIMER
EN DÉCEMBRE 2010
PAR L'IMPRIMERIE
DE LA MANUTENTION
A MAYENNE
FRANCE

N° 608551U

Dépôt légal : 4ᵉ trimestre 2010